*Ly Quí Phát,
der Vater meiner Mütter*

*Lê Kiêm Gương,
die Mutter meiner Mütter*

Mit Mama und Rambutanfrüchten

KIM THÚY

Das Geheimnis der VIETNAMESISCHEN KÜCHE

Aus dem Französischen von Brigitte Große

Kunstmann

Als ich in meiner neuen Heimat Kanada ein Restaurant eröffnete, konnte ich nicht kochen. Glücklicherweise hatte ich viele Gerichte gegessen, die meine Mutter zubereitet hatte, obwohl sie selbst vor unserer Ankunft im Westen nie gekocht hatte. In Vietnam hatten ihre Eltern nämlich zwei Köche beschäftigt, einen vietnamesischen und einen französischen. Sie hatte sich also nicht bloß satt essen, sondern von raffiniertesten Speisen kosten können.

Als wir Anfang der Achtzigerjahre nach Québec kamen, fand man dort kaum Zutaten für die vietnamesische Küche. Doch dank ihrem guten Geschmacksgedächtnis gelang es meiner Mutter, einige selbst herzustellen, etwa Reispapier, einen unentbehrlichen Bestandteil von Sommer- und Frühlingsrollen. Natürlich gingen solche Versuche ebenso oft schief, wie sie glückten, aber wir freuten uns jedes Mal über diese Reise zu den vertrauten Aromen der fernen Heimat, die sie uns etwas näher rückte.

Meine Tanten machten und machen sich immer noch auf dieselbe Reise, gemeinsam mit meiner Mutter oder in ihrer eigenen Küche. Aber selten isst eine für sich allein. So oft wie möglich versammeln wir uns alle um einen Tisch, um eine kulinarische »Großtat« zu teilen, vor allem aber, um miteinander Erfahrungen auszutauschen. So erfuhr ich an einem dieser langen Abende, was *coup de foudre*, der französische Ausdruck für »Liebe auf den ersten Blick«, bedeutet. Im Vietnamesischen nennt man dieses Gefühl, das einen wie ein Blitzschlag trifft, »Seelendiebstahl«.

Auch meine Kinder und Nichten und Neffen lernen ständig etwas dazu, während sie etwa die Bäckchen eines gegrillten Fisches verzehren. Wie meine Tanten und zusammen mit ihnen erkläre ich die Geschichte der Teilung Vietnams am Beispiel der Fischminze, auch Molchschwanz genannt, den die Südvietnamesen für seinen

Zitronenduft lieben, während die Nordvietnamesen seinen fischigen Nachgeschmack abstoßend finden.

In meiner Familie dienen diese Mahlzeiten an einem großen Tisch als Vehikel, mit dem wir Grenzen, Kontinente und Ozeane überqueren und uns durch die Zeiten bewegen können, um die Vergangenheit in die Gegenwart zu integrieren und die Zukunft mit offenen Armen zu empfangen.

Ich möchte Sie mit diesem Buch gemeinsam mit meiner Familie auf eine Reise in mein Vietnam mitnehmen.

INHALT

EINLEITUNG 9

GROSSE SCHWESTER 3
GRUNDLAGEN 15

TANTE 4
SUPPEN 45

TANTE 5
NUDELSCHALEN UND KURZGEBRATENES 63

TANTE 6
GEMÜSE 85

TANTE 7
FRITTIERTES UND GEBRATENES 105

TANTE 8
GESCHMORTES 125

FRÜHSTÜCK 129

CHÀ BÔNG 137

GROSSE SCHWESTER 2
DESSERTS UND SÜSSIGKEITEN 145

ZUM ESSEN: WEINE 169

ZUM ESSEN: MUSIK 177

DANKSAGUNG 181

REZEPTVERZEICHNIS 187

EINLEITUNG

Wenn Sie die Schwelle eines vietnamesischen Hauses überschreiten, werden Sie unverzüglich mit verschiedenen Variationen ein und derselben Frage bombardiert: »Hast du schon gegessen?«, »Möchtest du etwas essen?«, »Bleib zum Essen!«, »Iss doch ein bisschen was!«, »Ich hätte da noch warmes Hühnchen!«, »Koste mal diesen Windbeutel!«

Bei uns ist es nicht üblich, seine Freude zu zeigen, und Zuneigung noch viel weniger. Wir drücken unsere Gefühle lieber über das Essen aus. Meine Eltern sagen nie: »Du hast uns gefehlt«, sondern: »Ich habe Frühlingsrollen gemacht«, weil sie wissen, dass mir die bei allen Gelegenheiten und zu jeder Tages- und Nachtzeit schmecken. Oder sie erzählen, dass meine Söhne drei Portionen verdrückt haben, um mir während meiner Auslandsreisen zu versichern, dass es ihnen gut geht. Jedes Mal, wenn wir meine Großmutter in New York besuchten, packte meine Mutter den Kofferraum mit den Lieblingsspeisen ihrer Mutter voll. Mein Vater hat oft darüber gespottet, fliegt aber selbst immer noch nach Washington D.C., packt dort den Kofferraum eines anderen Wagens randvoll mit vietnamesischem Essen und fährt damit zu meinem 92-jährigen Onkel, der in einem abgelegenen Winkel Pennsylvanias lebt. Er ist der große Bruder meines Vaters und hat ihn während seines Studiums beherbergt und verköstigt. Mein Vater sieht in ihm einen Vater und versucht, ihm seine Dankbarkeit zu beweisen, indem er ihm die beste Wurst, das beste Rinderragout mit Zitronengras, das beste gedämpfte Omelett, das beste Klebreisküchlein, die besten getrockneten Krabben mitbringt, die er auf vietnamesischen Märkten auftreiben kann.

Als wir in den Siebzigerjahren in Indonesien im Flüchtlingslager waren, taten meine

Mutter und meine Tanten 6 und 8 ihr Möglichstes, um den Fisch, den es an sechs von sieben Tagen in der Woche gab, in eine Mahlzeit zu verwandeln, die wenigstens zur Essenszeit einen Anschein von Normalität verbreitete. Einmal schaffte es meine Mutter, Teig für Ravioli herzustellen. Ich erinnere mich noch sehr genau daran, wie sie auf der Erde saß, den Deckel des Fasses, das wir als Wasserbehälter nutzten, im Schoß. Auf dieser rostigen Metallplatte, die noch hie und da Spuren einer ehemals gelben Lackierung trug, knetete sie ihre Teigkugel. Das Ergebnis war gar nicht so wichtig, wir waren schon überglücklich, dass sie einmal etwas anderes kochte als Reis und Fisch. Es war für uns alle ein kleines Fest.

Vor kurzem bat mich jemand, mein denkwürdigstes Essen zu schildern. Aber wie könnte ich all die beglückenden kulinarischen Erfahrungen, die mir vergönnt waren, aufzählen und in eine Rangfolge bringen? Manche haben mich stärker geprägt als andere, was aber genauso an den anregenden Gesprächen mit meinen Tischgenossen liegen konnte wie an der Begabung des Kochs. Wie sollte ich mich entscheiden zwischen dem Abend, an dem wir über einer riesigen Austernplatte Tränen lachten, und dem Sushi-Essen, bei dem der »Küchenchef« die Sekunden zählte zwischen dem Moment, in dem er das Stück Fisch auf die Reiskugel legte, und dem Moment, in dem wir es in den Mund schoben? Zwischen den *pirogi* bei der Mutter meiner polnischen Verlegerin, den unerreichten Muscheln nach vietnamesischer Art und einem Stückchen Birnentarte mit Pistazien auf den Stufen einer Kirche? Zwischen selbstgemachter Pasta in einem gläsernen Restaurant mitten in einem Park von Palermo und dem unvergleichlichen Hummersandwich, das mein Mann Francis zubereitet? Ich denke an großartige Empfänge beim König von Malaysia und bei Prinzessin Caroline von Monaco, bei Premiers, Ministern und Botschaftern ... Doch zwischen Festbanketten und alltäglichen Imbissen hat sich mir eine einzige Szene tief ins Gedächtnis, in mein Herz, in mein Wesen eingeprägt.

Bevor die Plastikbecher ihren Siegeszug um die Welt antraten, wurden Getränke in Südostasien in durchsichtigen Plastikschläuchen verkauft. Die Händler schütteten das Getränk in den mit Eis gefüllten Schlauch, steckten einen Strohhalm hinein und verschlossen ihn mit einem Gummiband. So konnten sie die Flaschen gleich behalten. So ein Schlauch war wie durch ein Wunder eines Tages im Flüchtlingslager gelandet. Zu dreizehnt standen wir unter der sengenden Sonne um diesen Schlauch herum. Seit Monaten hatten wir kein wirklich trinkbares Wasser und schon gar nichts Kaltes bekommen. Die Kondensationstropfen auf dem Plastik, das irgendetwas Kohlensäurehaltiges enthielt, glitzerten in der Hitze wie kostbare Diamanten. Wir gaben den Schlauch von Hand zu Hand weiter, beginnend bei Nhon, meinem jüngsten Bruder, der damals noch keine sechs war. Wir waren alle so durstig, dass dieses Wunder nur eine Runde überleben würde, dessen war ich mir sicher. Aber der kleine Schlauch ging mindestens dreimal herum. Ohne jede Absprache hielten sich alle von sich aus zurück und benetzten bloß ihre Lippen.

Über die vielen Lehren hinaus, die ich aus dieser unschätzbaren Erfahrung ziehen konnte, bestätigt sie mir eines: dass ich von einem ganzen Dorf aufgezogen wurde. Der Kraft und der Würde seiner Mitglieder verdanke ich, dass ich zu dem menschlichen Wesen geworden bin, das ich bin.

Auf den folgenden Seiten will ich Ihnen meine Mutter und meine Tanten-Mütter vorstellen. Im Süden Vietnams bezeichnen wir einander oft mit der Zahl, die der Reihenfolge unserer Geburt entspricht. Da die 1 dem Vorsteher des Dorfes zukommt, beginnen wir innerhalb der Familie mit der 2 zu zählen. Meine Mutter ist das zweite Kind ihrer Eltern und wird deshalb von ihren jüngeren Schwestern »Große Schwester 3« genannt, während ich meine Tanten entsprechend 4, 5, 6, 7 und 8 nenne. So drängen sich Hierarchie und Autorität in die Gespräche.

GROSSE SCHWESTER 3 — *LÝ KIM THỦY*

Meine Mutter ist mathematisch sehr begabt. Wäre sie in einer anderen Zeit und unter anderen Umständen zur Welt gekommen, hätte sie Ingenieurin werden können.

Tatsächlich hat sie während unserer ersten Jahre in Kanada fast mühelos ein Diplom in Luftfahrttechnik erworben. Und ich glaube, sie wäre auch eine hervorragende Pädagogin geworden, weil sie eine so große Freude daran hat, ihr Wissen weiterzugeben. Sie sagt immer wieder, dass sie uns wie eine Fährfrau von einem Ufer zum anderen bringt. Ich würde sie eher als Sherpa bezeichnen, der uns auf all unseren Wegen sicher führt.

GRUNDLAGEN

NUDELN

Wie die Italiener verschiedenste Pastaarten haben, verwenden die Vietnamesen für jedes Gericht eine besondere Sorte Nudeln.

Die Tonkin-Suppe wird mit flachen Nudeln gegessen. Manche bevorzugen die breiten, andere die mittleren, aber flach müssen sie sein. Die Sommerrollen werden mit runden Nudeln zubereitet. Die scharf gewürzte Rindfleischsuppe aus Huê verlangt runde und dickere Nudeln, während das Rinderragout mit Zitronengras wiederum besser mit flachen schmeckt. Irrt man sich bei der Größe oder der Form der Nudeln, löst das im besten Fall einen Hagel von Kommentaren aus, im schlimmsten ist die Familienehre in Gefahr!

Anders als italienische Pasta sind die vietnamesischen Reis- oder Glasnudeln eigensinnigerweise sehr zerbrechlich. Die vernünftigste und einfachste Methode, damit zurechtzukommen, besteht darin, sie in einem Topf mit kaltem Wasser auf den Herd zu stellen. Wenn das Wasser kocht, dreht man ab. Je nach Größe der Nudeln wartet man dann drei, vier, sechs oder sieben Minuten, bis sie die gewünschte Konsistenz haben, und gießt das Wasser ab. Abtropfen lassen und kalt abschrecken. So gelingen perfekte Nudeln, die dem ganzen Stammbaum zur Ehre gereichen.

KRÄUTER

Die ganze vietnamesische Kochkunst dreht sich um die Aromen und Düfte frischer Kräuter. Müsste ich diese Küche mit einem einzigen Wort charakterisieren, würde ich »Frische« wählen. Denn auch wenn wir etwas pikant oder scharf würzen wollen, nehmen wir meist frische Chilischoten, die wir ganz, gehackt oder in feinen Röllchen zufügen oder dazu reichen.

Ob Tonkin-Suppe oder Grillspieß – fast alle Gerichte werden von frischen Kräutern begleitet. Wir essen sie roh, ohne Salatsauce, Salz oder Öl. Die Krabbensuppe mit Tomaten etwa kommt stets mit einem Teller Bananenblüten, Wasserspinat und Shiso auf den Tisch. Das Charakteristische am Fisch-Auberginen-Schmortopf ist ein Körbchen mit Seerosenstängeln, Bohnensprossen und gemischten Kräutern. Fisch mit Kurkuma wiederum enthält dreimal mehr Dill als Fisch. Und die in ihrem eigenen Rogen gegarten Garnelen werden erst durch die Goabohnen zur Offenbarung.

Solange ich mein Restaurant Ru de Nam hatte, konnte ich abends nichts von all dem essen, was ich gekocht hatte, abgesehen von den Frühlingsrollen. Davon kann ich nie genug bekommen, denn ihre Kräutermischung macht süchtig: Fischminze, Schnittknoblauch, Thai-Basilikum, vietnamesisches Basilikum, Minze und Koriander. Schon beim Hineinbeißen verbreitet sich ihre Frische über die Lippen im ganzen Mund. Beim Kauen entfalten und verbinden sich ihre wechselnden Aromen. Und hinterlassen tief in der Kehle noch lange die Erinnerung an den Duft des Kräuterbuketts ... das wie ein Kuss zwischen Liebenden schmeckt.

GEMÜSE

Bei uns kommen alle Gerichte gleichzeitig auf den Tisch. Beim Essen gibt es keine feste Reihenfolge. Nach einem Happen Fleisch kommt vielleicht ein Löffel Suppe, dann ein Stück Fisch und noch ein Schluck Suppe. Die Gastgeberin könnte ihre Stäbchen umdrehen, um mit den unbenutzten Enden einem Gast aus Höflichkeit das beste Stück in die Reisschale zu legen. Jedenfalls ist bei Tisch immer eine Menge los.

Normalerweise ist der Gemüseteller der größte von allen, egal ob er mit Wasserspinat gefüllt ist, mit gebratener Chayote, Okra oder blanchiertem Kohl. Rohes oder gekochtes Gemüse spielt die Hauptrolle, Fleisch begleitet es nur diskret. Deshalb habe ich bei einer unserer ersten Essenseinladungen bei einer Familie in Granby das Beefsteak, das vor mir stand, spontan in die Mitte des Tisches zurückgeschoben, weil ich glaubte, dass dieses Riesenstück Fleisch für alle zum Teilen gedacht war. Die paar Karottenscheiben neben ihm wirkten wie eine Dekoration.

Nach vierzig Jahren Québec haben sich unsere Essgewohnheiten verändert. Die Fleischportionen fallen nun großzügiger aus. Aber der Gemüseteller ist immer noch eine Konstante. Beim Spargel zum Beispiel rechnen wir nicht in einzelnen Stangen, sondern mit einem halben Bund pro Person. Pak choi wird in 500-Gramm-Säcken verkauft. Daikon-Rettich hat die Größe von Baseballschlägern.

Kurz, wenn der Kühlschrank-Designer Vietnamese wäre, gäbe es eine Fleischlade, und der Rest wäre für das Gemüse da.

OBST

Südvietnamesen sind Schleckermäuler. Es gibt Leckereien aller Art, von kandierten Kokosnussblättchen zu getrockneter Jackfrucht, von frischgepresstem Zuckerrohrsaft zu Tapiokacreme, von Maniokkuchen über Karamellpudding, gebackene Bananen oder Rote-Bohnen-Eis bis zu Cashew-Sesam-Würfeln, die man zu jeder Tages- und Nachtzeit essen kann.

Als ich in den Neunzigerjahren als Anwältin in Hanoi arbeitete, verzehrte ich spätabends auf einem Plastikbänkchen, fünfzehn Zentimeter über dem Bürgersteig, gern zwei, drei mit Mungbohnenpaste gefüllte Klebreiskugeln.

Zum Abschluss eines Essens dagegen servieren wir lieber einen Obstteller mit verschiedenen geschälten und geschnittenen Früchten, um die Mundhöhle mit einem neuen Geschmack auszukleiden, denn nichts anderes bedeutet das vietnamesische Wort für »Dessert«, tráng miêng. Anders als Apfel oder Birne verlangen Durianfrucht, Ananas, Breiapfel, Mangostan, Rambutan, Pomelo, Longan, Mango oder Papaya uns einige Anstrengung ab, bevor sie uns ihr Fleisch überlassen. Dafür schenken uns diese Früchte die berauschenden Aromen der Sonne und die warmen Düfte der Tropen. Sie sind ein so wesentlicher und selbstverständlicher Teil des vietnamesischen Alltags, dass selbst in einer Karaokebar neben großen Cognacflaschen und der Liste der Importbiere ganz selbstverständlich ein Obstteller steht.

Unter Vietnamesen ist das Obst König!

REISPAPIER

Vor vierzig Jahren war es nicht einfach, Reisblätter zu bekommen. Also versuchte meine Mutter, sie zu Hause zu machen, was selten ge-, um nicht zu sagen, meistens misslang.

Heute gibt es sie überall, große, kleine, viereckige, runde … Trocken sind sie sehr zerbrechlich, aber einmal angefeuchtet, werden sie weich und zart wie schöne Haut. Man muss sie sofort verwenden, bevor sie wieder trocknen. Denn unglücklicherweise vertragen sie eine zweite Wässerung nur schlecht. Deshalb stellen Sie am besten ein paar Zerstäuber mit lauwarmem Wasser auf den Tisch. So kann jeder Gast sein eigenes Blatt im richtigen Moment befeuchten.

(Weigert sich ein Reisblatt nach dreißig Sekunden Befeuchtung immer noch, weich zu werden, gibt es wahrscheinlich nie wieder nach. Dann wirft man es am besten weg und nimmt ein neues.)

FISCHSAUCE

Ohne Fischsauce, die aus zwölf Monate lang in Salz fermentierten Sardellen besteht, könnten die meisten Vietnamesen nicht kochen, ja, nicht einmal LEBEN. Lassen Sie sich nicht vom Geruch abschrecken! Sie schmeckt nicht so, wie sie riecht. Aber seien Sie gewarnt: Wenn Sie sie akzeptieren, werden Sie sie bald unersetzlich finden und ihr bedingungslos verfallen, denn kein anderes Ingredienz verleiht Speisen diesen einzigartigen Geschmack.

Mein Onkel 9 würde Ihnen sagen, dass ein blutiges Steak erst dann gut schmeckt, wenn man es unmittelbar vor dem Hineinbeißen mit ein paar Tropfen Fischsauce mit frischem Chili beträufelt. Und ich würde Ihnen sagen, dass ich seine Meinung teile. Pfeffersauce kommt da überhaupt nicht mit. Vielleicht ist es Geschmackssache, vielleicht eine Kindheitserinnerung. Aber natürlich halten wir uns trotzdem für absolut objektiv und unparteiisch!

»Eines Tages, im Dunkel eines Kastenwagens, der uns zur Erdbeeren- oder Bohnenernte brachte, erzählte mir meine Mutter von einer Frau, einer Tagelöhnerin, die jeden Morgen gegenüber dem Haus meines Großvaters auf ihren Arbeitgeber wartete. Und jeden Morgen brachte der Gärtner meines Großvaters mütterlicherseits ihr eine Portion Klebreis, umhüllt von einem Bananenblatt. Jeden Morgen, wenn sie auf dem Lastwagen stand, der sie zu den Kautschukplantagen brachte, schaute sie dem Gärtner nach, der in dem Bougainvilleen-Garten verschwand. Eines Morgens sah sie ihn nicht den Weg entlangkommen, um ihr das Frühstück zu bringen. Es folgte ein weiterer Morgen ... und noch einer. Eines Abends gab sie meiner Mutter ein Blatt voller Fragezeichen, nur Fragezeichen. Nichts sonst. Dann hat meine Mutter sie nie wieder auf dem mit Arbeitern überfüllten Lkw gesehen. Nie wieder kehrte die junge Frau zu den Plantagen und dem Bougainvilleen-Garten zurück. Sie verschwand einfach, ohne zu wissen, dass der Gärtner seine Eltern vergeblich gebeten hatte, sie heiraten zu dürfen. Niemand hatte ihr gesagt, dass mein Großvater der Bitte der Eltern um eine Versetzung des Gärtners in eine andere Stadt gefolgt war. Niemand hatte ihr gesagt, dass man den Gärtner, ihre Liebe, gezwungen hatte zu gehen, ohne dass er ihr einen Brief hinterlassen konnte, weil sie Analphabetin war, weil sie als junges Mädchen mit Männern zusammen fuhr, weil ihre Haut zu stark von der Sonne verbrannt war.«

Aus: Kim Thúy, *Der Klang der Fremde*

VERDÜNNTE FISCHSAUCE — *NƯỚC MẮM CHUA*
(Ergibt 250 ml)

ZUTATEN
- 60 g Zucker
- 125 ml Wasser
- 60 ml Fischsauce
- 60 ml Saft von grünen Zitronen oder Essig

ZUBEREITUNG

1 — Alles in eine Schüssel geben und so lange rühren, bis sich der Zucker vollständig aufgelöst hat. ×

Im Kühlschrank 1 Monat haltbar.

FISCHSAUCEN-VINAIGRETTE — *NƯỚC MẮM GỎI*
(Ergibt 450 ml)

ZUTATEN
- 125 g Zucker
- 125 ml Wasser
- 125 ml Fischsauce
- 125 ml Limettensaft oder Essig

ZUBEREITUNG

1 — Alle Zutaten in eine Schale geben und so lange rühren, bis sich der Zucker vollständig aufgelöst hat. ×

Die Zutaten für die Vinaigrette sind dieselben wie für die verdünnte Fischsauce, nur das Mischungsverhältnis ist anders und ergibt einen intensiveren Geschmack.

FRÜHLINGSZWIEBELSAUCE — *MỞ HÀNH*
(Ergibt 300 ml)

ZUTATEN
- 250 ml Pflanzenöl
- 12–15 Frühlingszwiebeln, in Röllchen geschnitten

ZUBEREITUNG

1 — Öl in einer großen Edelstahlpfanne bei mittlerer bis hoher Temperatur erhitzen. **2** — Frühlingszwiebeln dazugeben, gut umrühren, kurz anschwitzen und vom Herd nehmen. **3** — 10 Minuten stehen lassen, ab und zu umrühren. ✕

Hält im Kühlschrank in einem luftdicht verschlossenen Gefäß (Einmachglas) 1 Monat.

In der traditionellen Küche wurden in der Sauce Speckwürfelchen ausgelassen, was ihr einen kräftigeren Geschmack gab.

AROMATISIERTE HOISIN-SAUCE — *TƯƠNG*
(Ergibt 400 ml)

ZUTATEN

- 1 EL Klebreismehl oder Maisstärke
- 250 ml Wasser
- 125 ml Hoisin-Sauce
- 2 EL Sojasauce
- Chilipaste oder frischer Chili nach Belieben
- zerstoßene Erdnüsse

ZUBEREITUNG

1 — Reismehl in der Hälfte des Wassers auflösen. **2** — Restliches Wasser mit der Hoisin-Sauce und der Sojasauce auf mittlerer Flamme erhitzen, dabei ständig umrühren. **3** — Das aufgelöste Mehl zufügen, alles zum Kochen bringen und so lange kochen, bis die Mischung klebrig wird. **4** — Vom Herd nehmen.
5 — Mit Chilipaste oder frischem Chili würzen und zerstoßene Erdnüsse darüberstreuen. ×

Heiß, lauwarm oder kalt servieren.

Manche verwenden Erdnussbutter, um die Sauce anzudicken.
Ich persönlich bevorzuge das Knusprige der zerstoßenen Erdnüsse.

GERÖSTETES REISMEHL — *THÍNH*
(Ergibt 125 g)

ZUTAT
- 170 g Reis oder Klebreis

ZUBEREITUNG
1 — Reis in einer Edelstahlpfanne bei mittlerer Hitze rösten, bis alle Körner Farbe angenommen haben.
2 — Reiskörner abkühlen lassen und zu Mehl mahlen. ×

In einem luftdicht verschlossenen Glas aufbewahren.

Geröstetes Reismehl können Sie auch fertig abgepackt im Asialaden kaufen. Damit bringen Sie sich allerdings um die sinnliche Erfahrung, zu riechen, wie der Reis duftet, während er in der Pfanne auf dem Herd oder auf dem Backblech im Ofen bräunt. Gönnen Sie sich diese Erfahrung also zum Vergnügen.

JASMINREIS — CƠM
(2 Portionen)

ZUTATEN

- 250 g Jasminreis
- 375 ml kaltes Wasser

ZUBEREITUNG IM TOPF

1 — Reis in einen Zwei-Liter-Topf schütten, Wasser dazugeben, bis der Reis ganz bedeckt ist, und die Körner mehrmals zwischen den Händen reiben. **2** — Wasser abgießen und den Vorgang ein-, zweimal wiederholen, bis das abgegossene Wasser klar ist. Reis gut abtropfen lassen. **3** — Wasser in einer Kasserolle zum Kochen bringen. **4** — Reis hinzufügen. Temperatur reduzieren, zudecken und 10 Minuten köcheln lassen. **5** — Vom Herd nehmen und 5 Minuten mit geschlossenem Deckel stehen lassen. **6** — Vorsichtig mit einer Gabel oder Stäbchen auflockern und sofort servieren. ✕

ZUBEREITUNG IM REISKOCHER

1 — Reis in einen Zwei-Liter-Topf schütten, Wasser dazugeben, bis der Reis ganz bedeckt ist, und die Körner mehrmals zwischen den Händen reiben. **2** — Wasser abgießen und den Vorgang ein-, zweimal wiederholen, bis das abgegossene Wasser klar ist. Reis gut abtropfen lassen. **3** — Reis in den Kocher geben. Kaltes Wasser hineingießen, zudecken und Kochfunktion anschalten. **4** — Ist der Reis fertig, 5 Minuten ruhen lassen. **5** — Vorsichtig mit einer Gabel oder Stäbchen auflockern und sofort servieren. ✕

Die unfehlbarste Methode, um die Menge des Kochwassers zu bestimmen, ist natürlich, seinen Zeigefinger zu gebrauchen! Denn wenn man es ganz, ganz, ganz genau nehmen will, sollte das Wasser gut ein Fingerglied über dem Reis stehen.

VIETNAMESISCH EINGELEGTES GEMÜSE — *ĐỒ CHUA*
(Ergibt 500 g)

ZUTATEN
- 500 g Gemüse (Karotten und/oder Daikon-Rettich) in feinen Streifen (Julienne)
- 1 TL Salz
- 60 ml Reisessig
- 2 EL Zucker

ZUBEREITUNG

1 — Julienne mit dem Salz mischen und 15 Minuten ziehen lassen. **2** — Herausnehmen und gut abtropfen lassen. **3** — Reisessig und Zucker in einem Schraubglas von 750 ml Inhalt mischen, Gemüse zufügen, Deckel schließen und gut schütteln. Mindestens 30 Minuten kalt stellen und ziehen lassen, dabei öfter schütteln. ✕

Im Kühlschrank 5 Tage haltbar.

SCHALOTTEN IN REISESSIG — *HÀNH CHUA*
(Ergibt 250 g)

ZUTATEN
- 250 g Schalotten, auf der Gemüsereibe (Mandoline) in dünne Scheiben gehobelt
- 125 ml Reisessig
- Salz

ZUBEREITUNG

1 — Die Schalottenscheiben in ein Schraubglas von 500 ml Inhalt geben, den Reisessig dazugießen, salzen, den Deckel zuschrauben und gut schütteln. **2** — Mindestens 15 Minuten kalt stellen und ziehen lassen. ✕

Im Kühlschrank 1 Woche haltbar.

NUDELTELLER MIT GEMÜSE UND KRÄUTERN — *RAU*
(4 Portionen)

ZUTATEN
- 4 große Blätter Friséesalat
- 375 g gekochte, ausgekühlte Reisnudeln
- 1 Salatgurke, in Stifte geschnitten
- 1 Sternfrucht (Karambole), in Scheiben geschnitten
- 1 gute Handvoll Mungbohnensprossen
- je 5–6 Stängel Koriander, Thai-Basilikum, Minze, vietnamesischer Koriander, Shiso und Fischminze

ZUBEREITUNG
Eine große Anrichteplatte mit Salatblättern auslegen, Reisnudeln, Gurkenstifte, Sternfruchtscheiben, dann die Mungbohnensprossen und am Ende die aromatischen Kräuter darauflegen. ×

Diese Kräuter-Gemüse-Mischung ist für die vietnamesische Küche fast so wesentlich wie der Reis. Man findet sie in Frühlingsrollen und reicht sie zu Gebratenem. Je nach Region fügt man andere Gemüsesorten oder Kräuter hinzu. Nicht selten hat man zehnerlei Geschmäcker gleichzeitig im Mund.

TANTE 4 — *LÝ KIM HÀ*

Zehn Jahre lang wartete sie auf ihren Mann.
Zehn Jahre lang sehnte ihr Mann sich nach ihr.

Einmal im Monat gelang es ihr, einen Platz im Postamt von Saigon zu ergattern, wo sie fünfzehn Minuten mit ihrem Mann telefonieren konnte. Da die Beziehungen zwischen den Vereinigten Staaten und Vietnam in den Achtzigerjahren gekappt waren, musste er am Wochenende von Washington D.C. bis Montreal fahren, um sie anzurufen. Zwölf Stunden hin, zwölf Stunden zurück, und das mehrere Jahre lang. Heute genießen sie ihr Glück im Kreis ihrer vier Söhne und fünf Enkelkinder in Washington D.C.

SUPPEN

LEICHTE SUPPE ODER PAPILLENREINIGER — *CANH*
(4–6 kleine Portionen)

ZUTATEN
- 1 ½ l Wasser
- 1 ½ TL Fischsauce
- 375 g Spinat oder anderes Blattgemüse

ZUBEREITUNG
1 — Wasser und Fischsauce in einem Topf zum Kochen bringen. **2** — Spinat zufügen, alles gründlich vermischen und vom Herd nehmen. Sofort servieren. ×

Dieser Papillenreiniger wirkt wie der Calvados, der in der französischen Küche zwischen den Gängen gereicht wird, nur enthält er keinen Alkohol.

Da wir immer alle Speisen gleichzeitig auf den Tisch stellen, kann man mit einer Scheibe Schweinefleisch beginnen, mit einem Bissen Gemüse weitermachen, mit einem Stück Fisch fortfahren, dann mit einem Löffel dieser Suppe auf einen anderen Geschmack kommen und wieder Fleisch nehmen. Jeder, wie es ihm gefällt.

SUPPE MIT BAMBUSSPROSSEN UND SCHWEINEFLEISCH
— *CANH MĂNG*
(4–6 Portionen)

ZUTATEN

- 2 l Wasser
- 3 EL Fischsauce
- 1 Schweinshaxe (mit Fuß) in 2 oder 3 Stücken
- 1 Dose (230 ml) geschnittene Bambussprossen
- 1 Bund Langer Koriander, grob gehackt
- 1 Frühlingszwiebel, in Ringe geschnitten

ZUBEREITUNG

1 — Wasser und Fischsauce mit der Schweinshaxe in einem Schmortopf zum Sieden bringen und abdecken.
2 — 1 Stunde oder länger köcheln lassen, bis das Fleisch sich leicht von den Knochen lösen lässt.
3 — Schweinshaxe herausnehmen, entbeinen und von der Schwarte befreien. **4** — Knochen wegwerfen, Schwarte in Scheiben schneiden, Fleisch zerzupfen. Beiseitestellen. Bei Bedarf das Kochwasser mit kaltem Wasser auf 2 l auffüllen und den Schaum abschöpfen. **5** — Bambussprossen mehrmals spülen, gut abtropfen lassen und in die Suppe geben. **6** — Das zerzupfte Schweinefleisch und die Hälfte der Schwarte hinzufügen, zum Köcheln bringen und nochmals Schaum abschöpfen. **7** — 5 Minuten köcheln lassen.
8 — Frühlingszwiebel und Koriander nach Belieben zugeben und die Suppe servieren. ✗

Heiß auftragen und nach Belieben Schwartenscheiben hinzufügen.

SUPPE MIT GEFÜLLTEM KÜRBIS — *CANH BẦU*
(4–6 Portionen)

ZUTATEN
- 250 g Schweinehack
- 250 g rohe, geschälte Garnelen, grob gehackt
- 125 g Zwiebeln, fein gehackt
- 2 ½ EL Fischsauce
- Pfeffer
- 2–3 Stück Wachskürbis (Opo oder Fuzzy) von ca. 7 cm Durchmesser, geschält
- 1 ½ l Wasser
- 2 Frühlingszwiebeln, in Ringe geschnitten
- 1 große Handvoll Koriander, grob gehackt

ZUBEREITUNG

1 — Schweinehack, Garnelen, Zwiebel und 1 EL Fischsauce in eine große Schüssel geben, großzügig pfeffern und kräftig mit den Händen kneten, bis eine homogene Masse entstanden ist. Beiseitestellen. **2** — Kürbisse in 10 cm lange Stücke schneiden und mit einem Melonenlöffel aushöhlen. **3** — Mit der Fleisch-Garnelen-Farce füllen, gut festdrücken, beiseitestellen. **4** — Restliches Wasser zum Kochen bringen und restliche Fischsauce zufügen. **5** — Vom Herd nehmen und gefüllte Kürbisstücke in die heiße Brühe legen. **6** — Bei mittlerer Hitze ca. eine halbe Stunde köcheln lassen, bis der Kürbis durchscheinend wird. **7** — Die Hälfte der Frühlingszwiebeln und des Korianders zugeben und zugedeckt auf der niedrigsten Stufe 10 Minuten ziehen lassen. **8** — Kochflüssigkeit in eine Servierschale gießen, gefüllten Kürbis einlegen und mit den restlichen Kräutern bestreuen. **9** — Kürbis in dicke Scheiben schneiden und servieren. ✗

Je länger man sie ziehen lässt, desto besser schmeckt die Suppe. Man kann sie lange im Voraus zubereiten und gut wieder aufwärmen. Den Koriander dann erst kurz vor dem Servieren dazugeben.

Statt Wachskürbis (Opo oder Fuzzy) kann man auch grüne oder gelbe Zucchini nehmen.

SUPPE MIT TOFU UND SCHNITTKNOBLAUCH
— CANH ĐẬU HỦ & TIM GÀ
(4–6 Portionen)

ZUTATEN

- 125 g Hühnerklein (Leber, Herz, Magen), in Scheiben geschnitten
- 2 ½ EL Fischsauce; Erdnussöl (zum Anbraten)
- 250 g Strohpilze, halbiert
- 250 g halbfester Tofu, in Würfel von ca. 1 ½ cm Seitenlänge geschnitten
- 1 ½ l Wasser
- ein paar Halme Schnittknoblauch in 1 ½ cm langen Stücken
- Pfeffer nach Belieben

ZUBEREITUNG

1 — Hühnerklein in eine Schüssel geben, Fischsauce darübergießen, 5 Minuten ziehen lassen. **2** — Wenig Öl in einem Topf heiß werden lassen und bei mittlerer bis starker Hitze das Hühnerklein 1 Minute anrösten. **3** — Pilze und Tofu zufügen und 1 Minute weiterbraten. **4** — Mit Wasser aufgießen, zum Kochen bringen, vom Herd nehmen, Schnittknoblauch untermischen, pfeffern und sofort servieren. ✗

SUPPE MIT FLEISCH-GARNELEN-BÄLLCHEN UND CHRYSANTHEMENBLÄTTERN — *CANH TẦN Ô*
(4–6 Portionen)

ZUTATEN

- 350 g Schweinehack
- 115 g rohe, geschälte Garnelen, grob gehackt
- 125 g Zwiebel, fein gehackt
- 60 ml Fischsauce
- Pfeffer
- 3 l Wasser
- 2 große Handvoll Chrysanthemenblätter
- 2 Frühlingszwiebeln, in Ringe geschnitten

ZUBEREITUNG

1 — Schweinehack, Garnelen, Frühlingszwiebeln und 1 EL Fischsauce in eine große Schüssel geben, großzügig pfeffern und mit den Händen verkneten, bis eine einheitliche Masse entsteht. Beiseitestellen. **2** — Wasser zum Kochen bringen und restliche Fischsauce beifügen. **3** — Mit zwei Teelöffeln Schweine-Garnelen-Masse abstechen, zu Bällchen formen und in die kochende Flüssigkeit legen. So oft wiederholen, bis die gesamte Oberfläche von Bällchen bedeckt ist. **4** — Auf kleiner Flamme köcheln lassen, nach 5 Minuten Chrysanthemenblätter und Frühlingszwiebeln zufügen. **5** — Temperatur noch einmal reduzieren und auf kleinster Flamme 1 bis 2 Minuten ziehen lassen. Sofort servieren. ✕

Je länger die Suppe zieht, desto besser. Sie lässt sich gut lange im Voraus zubereiten.

Die Chrysanthemenblätter erst kurz vor dem Servieren hinzufügen.

SUPPE MIT GARNELEN UND YAMSWURZEL (YAM PI)
— *CANH KHOAI MỠ*
(4–6 Portionen)

ZUTATEN

- Erdnussöl zum Anrösten
- 125 g Schweinehack
- 500 g rohe, geschälte Garnelen, grob gehackt
- 125 g Zwiebel, gehackt
- 1 ½ l Wasser
- 2 ½ EL Fischsauce
- 500 g Yamswurzel (frisch oder tiefgekühlt), gerieben
- Pfeffer
- 2 Frühlingszwiebeln, gehackt
- 125 g Langer Koriander, gehackt
- 125 g Reisfeldpflanze, gehackt

ZUBEREITUNG

1 — Wenig Öl in einem Topf erhitzen, Schweinehack, Garnelen und Frühlingszwiebeln darin anrösten.
2 — Wasser und Fischsauce zufügen, zum Kochen bringen, 2 Minuten kochen lassen, dabei Schaum abschöpfen. **3** — Geriebene Yamswurzel untermischen, großzügig pfeffern und 5 Minuten weiterkochen.
4 — Mit Frühlingszwiebeln und Kräutern bestreuen, vom Herd nehmen und sofort servieren. ×

SÜSSSAURE SUPPE — CANH CHUA CÁ
(4–6 Portionen)

ZUTATEN

- 75 g Tamarindenpaste
- 180 ml kochendes Wasser
- 1 ½ l Wasser
- 3 EL Fischsauce
- 600 g Fischfilet (Tilapia oder ein anderer Fisch mit festem Fleisch)
- ¼ frische Ananas
- 2 Tomaten, geviertelt
- 8–10 frische Okras (Gombos), in Scheiben geschnitten
- 1 Taro-Knolle, geschält und in Scheiben geschnitten
- 375 g Mungbohnensprossen
- 1 Bund Reisfeldpflanzen, grob gehackt
- 1 Bund Langer Koriander, grob gehackt
- Röstzwiebel oder -knoblauch nach Belieben
- Vogelaugenchili (Peperoncini) nach Belieben
- Fischsauce nach Belieben

ZUBEREITUNG

1 — Tamarindenpaste mit kochendem Wasser übergießen, 15 Minuten stehen lassen. **2** — Die 1 ½ l Wasser in einen Topf schütten, 3 EL Fischsauce dazugeben. **3** — Tamarindenpaste mit dem Einweichwasser durch ein Sieb in den Topf schütten und mit einem Holzkochlöffel so viel Fruchtfleisch wie möglich durchstreichen, auf dem Sieb verbliebene Kerne und Fasern wegwerfen. **4** — Gut umrühren und zum Kochen bringen.
5 — Fischfilets hineingeben und 5 Minuten kochen lassen. Herausnehmen und beiseitestellen.
6 — Ananasviertel einmal längs halbieren und in 1 ½ cm dicke Scheiben schneiden. **7** — Ananasstücke und Tomatenviertel in die Suppe geben, aufkochen lassen. **8** — Taro-Scheiben und Okras zufügen, leicht salzen, pfeffern und 2 Minuten weiterkochen lassen. **9** — Fischfilet, Mungbohnensprossen und Kräuter zugeben, noch einmal aufkochen lassen und vom Herd nehmen. ×

Sehr heiß servieren, Röstzwiebel oder -knoblauch darüberstreuen, Fischsauce und Chili in Schälchen dazu reichen, um den Fisch darin einzutauchen.

FISCH-TOMATEN-SUPPE — *CANH MĂN*
(4–6 Portionen)

ZUTATEN

- 1 weißfleischiges Fischfilet (ca. 500 g)
- 2 ½ EL Fischsauce
- 2 Frühlingszwiebeln, in Stücke geschnitten
- Pfeffer nach Belieben
- 1 ½ l Wasser
- 1 große Tomate, geviertelt
- 1 Stängel Chinesischer Sellerie oder Liebstöckel, in Stücke geschnitten
- Saft von ½ Limette
- 1 Handvoll Korianderblätter

ZUBEREITUNG

1 — Fischfilet mit der Hälfte der Fischsauce übergießen. **2** — Frühlingszwiebelstücke mit einem großen Kochmesser zerquetschen und auf dem Filet verteilen. **3** — Großzügig pfeffern und 10 Minuten marinieren lassen. **4** — Wasser in einen Topf gießen und mit dem Rest der Fischsauce zum Kochen bringen. **5** — Fisch samt Marinade, Tomaten und Sellerie hinzufügen, aufkochen und 3 Minuten kochen lassen. **6** — Vom Herd nehmen, Zitronensaft und Koriander dazugeben und sofort servieren. ✕

SCHNELLE RINDSSUPPE — *CANH BÒ RÂM*
(4–6 Portionen)

ZUTATEN

- 1 ½ l Wasser
- 2 ½ EL Fischsauce
- 250 g Rinderlende, in dünne Scheiben geschnitten
- 1 Tomate, gewürfelt
- 2 Frühlingszwiebeln, in 1 ½ cm lange Stücke geschnitten
- Saft von ½ Limette
- Vietnamesischer Koriander nach Belieben

ZUBEREITUNG

1 — Wasser und Fischsauce in einem Topf zum Kochen bringen. **2** — Rindfleisch, Tomate und Frühlingszwiebeln in die Suppenschüssel geben. **3** — Heiße Suppe darübergießen. **4** — Limettensaft zufügen und großzügig pfeffern. Mit Vietnamesischem Koriander garnieren und sofort servieren. ✗

TANTE 5 — LÝ KIM HẢI

Der Mediator, der sich mit der Scheidung meiner Tante 5 befasste, wunderte sich, dass sie angesichts der oft schwierigen und fordernden Fragen bei diesen natürlich spannungsgeladenen Treffen immer ruhig blieb und lächelte.

Tante 5 sagte zu uns, sie habe gelächelt, um Zeit zu gewinnen und im Kopf die Verben zu konjugieren, weil sie leicht in Panik geriet, wenn sie für die Vergangenheitsform zwischen den Hilfsverben *haben* und *sein* wählen musste, wenn ein unregelmäßiges Verb sich vollkommen verwandelte oder sie die Zeiten unterscheiden sollte ... Anders als im Französischen stehen die Verben im Vietnamesischen nämlich immer im Infinitiv. Wir orientieren uns zeitlich mithilfe von Wörtern wie »morgen«, »gestern«, oder »im Januar«, die sporadisch ins Gespräch eingestreut oder einfach an den Anfang gestellt werden. Die Verben als solche haben keine Zeiten. Vielleicht liegt es an dieser Struktur der vietnamesischen Sprache, dass wir uns unbewusst immer in derselben Zeit befinden.

NUDELSCHALEN UND KURZGEBRATENES

GARNIERTE NUDELSCHALEN — *BÚN*
(2 Portionen)

ZUTATEN
- 2 große Blätter grüner Friséesalat
- 2 Handvoll Kräuter (Thai-Basilikum, Koriander, Vietnamesischer Koriander, Minze, Shiso)
- 500 g gekochte Reisnudeln
- ¼ Gurke in feinen Streifen (Julienne)
- 250 g Mungbohnensprossen
- 125 g vietnamesisch eingelegtes Gemüse (s. S. 39)
- 2 Portionen kurzgebratenes Rind, Schwein, Hühnchen, Tofu usw.
- verdünnte Fischsauce (s. S. 31) nach Belieben
- Frühlingszwiebelsauce (s. S. 32) nach Belieben
- gestoßene Erdnüsse nach Belieben
- geröstete Zwiebel nach Belieben

ZUBEREITUNG

1 — Friséeblätter auf einem Schneidebrett ausbreiten. Kräuter in die Mitte legen und fest aufrollen. Diese Rolle in feine Streifen schneiden (Chiffonade) und beiseitestellen. **2** — Nudeln auf zwei große Schalen verteilen und mit den Zutaten belegen: der Chiffonade, den Gurken, den Mungbohnensprossen, dem eingelegten Gemüse und dem Kurzgebratenen (s. folgende Seiten). **3** — Mit verdünnter Fischsauce benetzen und mit Frühlingszwiebelsauce, Erdnüssen und gerösteter Zwiebel garnieren. ✗

RINDFLEISCH MIT KNOBLAUCH — *BÒ XÀO*
(2 Portionen)

ZUTATEN

- 250 g Rindfleisch (Filet, Lende oder Rumpsteak), in Streifen geschnitten
- 1 kleine Knoblauchzehe, gehackt
- ½ EL Fischsauce
- Pfeffer
- Erdnussöl zum Braten
- 1 Zwiebel, in Achtel geschnitten
- 2 Schalen garnierte Nudeln (s. S. 64)

ZUBEREITUNG

1 — Rindfleisch, Knoblauch und Fischsauce mischen. Pfeffern und 5 Minuten marinieren. **2** — Wok auf großer Flamme erhitzen, etwas Erdnussöl hineingeben und die Zwiebel darin anrösten. **3** — Rindfleisch zufügen und 2 Minuten unter ständigem Rühren braten. **4** — Auf die Nudelschalen verteilen und sofort servieren. ✗

SCHWEINEFLEISCH MIT ZITRONENGRAS — *HEO XÀO SẢ*
(2 Portionen)

ZUTATEN

- 250 g Schweinebrust, in dünne Streifen geschnitten
- eine kleine Knoblauchzehe, fein gehackt
- 1 EL Fischsauce
- 2 TL Zitronengras, gehackt
- Pfeffer
- Pflanzenöl zum Braten
- ½ Zwiebel, in Ringe geschnitten
- 2 Schalen garnierte Nudeln (s. S. 64)

ZUBEREITUNG

1 — Schweinebruststreifen mit Knoblauch, Fischsauce und gehacktem Zitronengras mischen und 5 Minuten marinieren. **2** — Wok auf höchster Stufe erhitzen, etwas Öl hineingeben, Fleisch und Zwiebelringe 3 Minuten unter ständigem Rühren braten, bis sie leicht gebräunt sind. **3** — Auf die Nudelschalen verteilen und sofort servieren. ✕

Statt der Schweinebrust können Sie auch Hühnerfleischstreifen nehmen.

TOFUWÜRFEL MIT ZITRONENGRAS — *ĐẬU HỦ CHIÊN SẢ*
(2 Portionen)

ZUTATEN

- 170 g Zitronengras, gehackt
- 1 TL Salz
- 1 Vogelaugenchili, fein gehackt
- 1 Block (500 g) halbfester Tofu, in Würfel von 2 ½ cm Seitenlänge geschnitten
- 60 ml Erdnussöl
- 1 Knoblauchzehe, gehackt
- 2 Schalen garnierte Nudeln (s. S. 64)
- verdünnte Fischsauce (s. S. 31) nach Belieben

ZUBEREITUNG

1 — Zitronengras, Salz und Chili in eine mittelgroße Schüssel geben, gut vermischen und die Tofuwürfel darin wälzen. 2 — Öl in einer Pfanne mit dickem Boden erhitzen und die Tofuwürfel darin anbraten, bis sie auf allen Seiten schön goldbraun sind. 3 — Knoblauch hinzufügen und 2 Minuten weiterbraten, dabei die Tofuwürfel öfter wenden. 4 — Tofuwürfel auf die Nudelschalen legen und mit verdünnter Fischsauce begießen. 5 — Sofort servieren, verdünnte Fischsauce beigeben. ×

SCHWEINEFLEISCH MIT CHAYOTE UND GARNELEN — *SU SU XÀO*

(4 Portionen)

ZUTATEN

- 250 g rohe, geschälte Garnelen
- 250 g Schweinebrust, in dünne Scheiben geschnitten
- 1 Knoblauchzehe, fein gehackt
- 3 EL Fischsauce
- Pfeffer
- Pflanzenöl zum Braten
- 1 bis 2 Chayote-Früchte, geschält, entkernt und in Stifte geschnitten
- ½ Zwiebel, in Ringe geschnitten
- 3 Frühlingszwiebeln, in Stücke geschnitten
- Koriander nach Belieben
- verdünnte Fischsauce (s. S. 31) nach Belieben

ZUBEREITUNG

1 — Garnelen längs halbieren. **2** — Die halbierten Garnelen mit Schweinebrust und Knoblauch in eine Schüssel geben, 1 EL Fischsauce darübergießen, ordentlich pfeffern, gut vermischen und während der Vorbereitung der restlichen Zutaten marinieren. **3** — Eine große Pfanne auf mittlerer bis großer Flamme erhitzen, etwas Öl hineingießen und die Garnelen mit dem Schweinefleisch darin 5 Minuten braten. Vom Herd nehmen und beiseitestellen. **4** — Öl nach Bedarf hinzufügen, Chayote und Zwiebeln darin leicht bräunen. **5** — Schweinefleisch und Garnelen wieder dazugeben, restliche Fischsauce darübergießen, Frühlingszwiebelstücke zufügen und gut vermischen. **6** — Mit Korianderblättern bestreuen, verdünnte Fischsauce bereitstellen und sofort servieren. ×

Sie können statt Chayote auch 500 g grüne Bohnen nehmen.

MARINIERTE SCHWEINEBRUST MIT BAMBUSSPROSSEN — MĂNG XÀO

(4 Portionen)

ZUTATEN

- 500 g Schweinebrust, in ½ cm dicke Scheiben geschnitten
- 3 EL Fischsauce
- 1 Knoblauchzehe, gehackt
- 1 Vogelaugenchili in Ringen
- 1 Zwiebel in Achteln
- Pfeffer
- Pflanzenöl zum Braten
- 2 Dosen (à 230 ml) geschnittene Bambussprossen
- 3 Frühlingszwiebeln, in Stücke geschnitten
- Koriander
- verdünnte Fischsauce (s. S. 31) nach Belieben

ZUBEREITUNG

1 — Schweinebrustscheiben in eine Schüssel legen, Fischsauce, Knoblauch, Chili und Zwiebel zufügen, pfeffern, gut umrühren und 15 Minuten im Kühlschrank marinieren. **2** — Bambussprossen ein paarmal abspülen, gut abtropfen lassen und beiseitestellen. **3** — Eine große Pfanne bei mittlerer bis hoher Temperatur erhitzen, wenig Öl hineingießen, die Schweinebrustscheiben mitsamt der Marinade dazugeben und schön anbräunen. **4** — Bambussprossen untermengen und 2 Minuten weiterbraten. **5** — Die Hälfte der Frühlingszwiebelstücke dazugeben und gut umrühren. **6** — Mit Koriander und den restlichen Frühlingszwiebeln garnieren und sofort servieren. Fischsauce beigeben. ✕

WOKGEBRATENES RINDFLEISCH — *BÒ LÚC LẮC*
(1 Portion)

ZUTATEN

- 125 g Rinderlende, in Würfel geschnitten
- 1 TL Maggi-Würze
- Pfeffer
- Erdnussöl zum Braten
- 1 Knoblauchzehe, gehackt
- Salz
- 1 Handvoll Kresse
- 1 kleine Tomate, in Scheiben geschnitten
- Schalotten in Essig (s. S. 39) nach Belieben
- 1 Schale gekochter Jasminreis (s. S. 37)

ZUBEREITUNG

1 — Rindfleischwürfel in einer Schale mit Maggi beträufeln, großzügig pfeffern und beiseitestellen. **2 —** Wok auf großer Flamme erhitzen, etwas Erdnussöl hineingeben und 30 Sekunden lang den Knoblauch darin anrösten. **3 —** Das marinierte Rindfleisch zugeben, salzen und 1 Minute unter kräftigem Rühren braten. **4 —** Auf einem Kressebett servieren und mit Tomatenscheiben und eingelegten Schalottenscheiben garnieren. Dazu eine Schale Reis. ×

Man bereitet jeweils nur eine Portion zu, damit das Fleisch die Hitze des Woks bewahrt.

KARAMELLISIERTES SCHWEINEFLEISCH — *THỊT RAM*
(4 Portionen)

ZUTATEN

- 5 EL Zucker
- 3 EL Wasser
- 2 Knoblauchzehen, fein gehackt
- 1 Zwiebel, gehackt
- 125 g Schweinebrust mit Schwarte, in ½ cm dicke Scheiben geschnitten
- 500 g Schweinekamm, in Streifen geschnitten
- 1 Vogelaugenchili, fein gehackt
- Pfeffer
- 3 EL Fischsauce
- 2 Frühlingszwiebeln, in Stücke geschnitten
- Korianderblätter

ZUBEREITUNG

1 — Zucker in einen Topf geben, 1 EL Wasser zufügen und auf mittlerer Flamme erwärmen, bis der Zucker karamellisiert. **2** — Temperatur erhöhen, Knoblauch, Zwiebel und Schweinebrust zugeben, 5 Minuten unter ständigem Rühren köcheln lassen. **3** — Schweinekammstreifen und Chili zufügen, großzügig pfeffern und gut vermischen, sodass alle Zutaten mit Karamell überzogen sind. **4** — Restliches Wasser und Fischsauce darübergießen und unter ständigem Umrühren weiterköcheln lassen, bis die Sauce eine sirupartige Konsistenz hat. **5** — Mit Frühlingszwiebelstücken und Korianderblättern bestreuen und sofort servieren. ×

Dazu schmecken Gurkenscheiben oder blanchierte Kohlstücke.

» Solange ich Kind war, fuhren wir fast jeden Monat ans Meer, um ›die Winde zu wechseln‹ wie mein Vater es nannte. Das Salzwasser heilte auf wundersame Weise die Schrunden an den Fersen meiner Großmutter und meine häufig verstopfte Nase. Die salzige Luft ließ meine Brüder wachsen und trug unser Lachen in alle Winde, wenn wir um die getrockneten Tintenfische der fliegenden Händler im Sand zusammensaßen. Zwei flachgedrückte Tintenfische, auf ein paar roten Kohlen gegrillt und Faser für Faser verzehrt, machten die ganze Familie für einen Nachmittag satt. Der Geschmack dieser elastischen Fasern blieb länger im Mund als ein Juicy-Fruit-Kaugummi. «

Aus: Kim Thúy, *Die vielen Namen der Liebe*

TINTENFISCH MIT GURKE UND ANANAS — MỰC XÀO
(4–6 Portionen)

ZUTATEN

- 500 g Tintenfisch
- ¼ Ananas
- Pflanzenöl zum Braten
- 1 Zwiebel, in Scheiben geschnitten
- 2 Knoblauchzehen, fein gehackt
- 2 Tomaten in Achteln
- ¼ Gurke, geschält, entkernt und in Scheiben geschnitten
- 3 EL Fischsauce
- 2 EL Reisessig
- 2 Stangen Chinesischer Sellerie, grob gehackt
- Pfeffer
- frischer Koriander nach Belieben
- verdünnte Fischsauce (s. S. 31) nach Belieben

ZUBEREITUNG

1 — Tintenfisch putzen, längs aufschneiden und gut abtupfen. **2** — Mit einem sehr scharfen Messer, das man in einem Winkel von 45° ansetzt, die Innenseite kreuz und quer einschneiden, sodass ein Netz aus kleinen Quadraten von 5 mm Seitenlänge entsteht; dabei aufpassen, dass man das Fleisch nicht durchsticht. Beiseitestellen. **3** — Ananasviertel längs halbieren, dann in 1 ½ cm dicke Scheiben schneiden. **4** — Eine große beschichtete Pfanne erhitzen, einen Schuss Pflanzenöl hineingießen und den Tintenfisch mit der glatten Seite nach unten hineinlegen. Etwa 2 Minuten braten lassen, bis sich die Stücke einrollen. Vom Herd nehmen und beiseitestellen. **5** — Nach Bedarf Pflanzenöl zufügen und Zwiebel und Knoblauch 1 Minute lang darin andünsten. **6** — Tomatenviertel, Ananas- und Gurkenscheiben zugeben, 2 Minuten weiterdünsten. **7** — Fischsauce und Reisessig darübergießen, Chinesischen Sellerie zufügen, großzügig pfeffern und unter ständigem Rühren weiterdünsten, bis das Gemüse bissfest ist. Tintenfisch zugeben und mischen. **8** — Mit Korianderblättern bestreuen, verdünnte Fischsauce beigeben und sofort servieren ✕

Statt Chinesischem Sellerie können Sie auch Liebstöckel oder gewöhnliche Sellerieblätter nehmen, statt frischem Tintenfisch auch tiefgefrorenen.

KRABBE IN TAMARINDENSAUCE — *CUA RANG ME*
(2 Portionen)

ZUTATEN

- 100 g Tamarindenpaste
- 250 ml kochendes Wasser
- 2 EL Fischsauce
- 2 EL Zucker
- Erdnussöl zum Braten
- 1 Knoblauchzehe, gehackt
- 1 Krabbe oder Seespinne, zerteilt
- 2 Frühlingszwiebeln, in Stücke geschnitten

ZUBEREITUNG

1 — Tamarindenpaste in eine Schüssel geben und mit kochendem Wasser übergießen, gut umrühren und 10 Minuten stehen lassen. **2** — Anschließend die Masse in ein Sieb über einer kleinen Kasserole geben und mit einem Holzlöffel durchstreichen, um möglichst viel Tamarindensaft zu bekommen; übrig gebliebene Kerne und Fasern wegwerfen. **3** — Tamarindensaft zum Kochen bringen und etwa auf die Hälfte reduzieren. Fischsauce und Zucker hinzufügen und gut vermischen. Beiseitestellen. **4** — Einen großen Wok auf großer Flamme heiß werden lassen, etwas Öl hineingießen und den Knoblauch 30 Sekunden anrösten. **5** — Krabbenteile dazugeben und 1 Minute unter ständigem Rühren braten. **6** — Tamarindensirup dazugießen und 1 Minute köcheln lassen, dabei die Krabbe in der Sauce mehrmals wenden. **7** — Frühlingszwiebeln zufügen und gut vermischen. Heiß servieren. ✗

TANTE 6 — *LÝ KIM HIẾU*

Als sie noch jünger war, zog sie sich mit der Spitze eines Zahnstochers gern eine geschwungene Linie über die Augen und malte sich so Lider.

Sie war die Kühnste unserer Familie, trug Miniröcke und Schlaghosen. Ihr Lieblings-T-Shirt war rot mit einem riesigen königsblauen Herzen, das ihre ganze Brust bedeckte. Sie fotografierte uns, als ob wir Models oder Hollywoodstars wären. Sie studierte Französisch, um Lehrerin zu werden, und ich war ihre erste Schülerin: »Die Maus ist auf dem Tisch, die Maus ist unter dem Tisch.« Da ahnte sie noch nicht, dass sie eines Tages mit einem fünf Monate alten Baby in einem klapprigen Flüchtlingsboot sitzen würde und später ihr Leben – in englischer Sprache – in den Vereinigten Staaten fortsetzen würde, im Büro einer großen Firma und mit einem fetten Gehalt … obwohl sie, die nur fünf Fuß hoch war, eigentlich lieber Malerin geworden wäre.

GEMÜSE

GEGRILLTE AUBERGINEN AUF VIETNAMESISCHE ART — CÀ TÍM NƯỚNG
(4–6 Portionen)

ZUTATEN

- 500 g kleine Auberginen
- 60 ml Fischsaucen-Vinaigrette (s. S. 31)
- 150 ml Frühlingszwiebelsauce (s. S. 32)
- 2 EL gerösteter Knoblauch
- Vogelaugenchili nach Belieben

ZUBEREITUNG

1 — Backofen auf 180 °C vorheizen. **2** — Auberginen an einigen Stellen anstechen, auf ein Blech legen, in den Ofen schieben und etwa 30 Minuten braten, bis sie durch sind. Aus dem Ofen nehmen und abkühlen lassen. **3** — Wenn sie nur noch lauwarm sind und sich gut anfassen lassen, Stiele entfernen, Auberginen in mundgerechte Stücke teilen und auf einer Servierplatte anrichten. **4** — Mit Fischsaucen-Vinaigrette beträufeln, gut vermischen und mit ein paar Esslöffeln Frühlingszwiebelsauce, geröstetem Knoblauch und ganzen Chilischoten garnieren. ✕

Nach demselben Rezept kann man auch italienische Auberginen zubereiten. Wenn sie sehr groß sind, muss man sie schälen, bevor man sie in mundgerechte Bissen teilt.

AUBERGINEN MIT SCHWEINEFLEISCH UND GARNELEN
— CÀ TÍM TÔM THỊT
(4 – 6 Portionen)

ZUTATEN

- 500 g kleine Auberginen
- 350 g Schweinehack
- 125 g rohe, geschälte Garnelen, gehackt
- 1 EL Fischsauce
- Pfeffer
- Pflanzenöl zum Braten
- Frühlingszwiebelsauce nach Belieben

ZUBEREITUNG

1 — Backofen auf 180 °C vorheizen. Auberginen an einigen Stellen einstechen, auf ein Backblech legen, in den Ofen schieben und ca. 30 Minuten garen. Aus dem Ofen nehmen und abkühlen lassen. **2** — Wenn sie nur noch lauwarm sind und sich gut anfassen lassen, Stiele entfernen, Auberginen in mundgerechte Stücke teilen und auf einer Servierplatte anrichten. **3** — Schweinehack und Garnelen in eine Schale geben, Fischsauce darübergießen, pfeffern und gut vermischen. **4** — Eine Pfanne bei mittlerer bis starker Temperatur erhitzen, etwas Öl hineingießen und die Schweinefleisch-Garnelen-Mischung 5 Minuten anbraten. **5** — Auberginen hinzufügen. **6** — Mit Frühlingszwiebelsauce garnieren und mit einem Schälchen verdünnter Fischsauce servieren. ×

PFANNENGERÜHRTER WASSERSPINAT MIT KNOBLAUCH
— *RAU MUỐNG XÀO TỎI*
(4 Portionen)

ZUTATEN

- 500 g frischer Wasserspinat
- 2 EL Pflanzenöl zum Braten
- 3 Knoblauchzehen, gehackt
- 2 EL Fischsauce

ZUBEREITUNG

1 — Wasserspinat in 3–4 Stücke schneiden. Einen Wok auf mittlerer Flamme erhitzen, Öl hineingießen und Knoblauch 30 Sekunden lang anschwitzen. **2** — Wasserspinat zugeben und 2 Minuten unter ständigem Rühren dünsten. **3** — Mit Fischsauce würzen, gut mischen und sofort servieren. ×

KOHLSALAT MIT HÜHNCHEN — *GỎI GÀ BẮP CẢI TRẮNG*
(4 Portionen)

ZUTATEN

- 1 kg Kohl, in Chiffonade geschnitten
- ½ EL Salz
- 60 g Schalotten in Essig (s. S. 39)
- 375 g gekochtes, gebratenes oder gegrilltes Hühnchen, zerzupft
- 60 ml Fischsaucen-Vinaigrette (s. S. 31)
- 125 g Vietnamesischer Koriander, grob gehackt
- 60 g zerstoßene Erdnüsse

ZUBEREITUNG

1 — Kohl in einen Topf geben, salzen, durchkneten und 15 Minuten ziehen lassen. **2** — Anschließend in ein Sieb schütten und unter fließendem Wasser abspülen. Gut abtropfen lassen. **3** — Kohl, Schalotten und Hühnchen in eine Salatschüssel geben und mit Vinaigrette vermischen. **4** — Mit Koriander und Erdnüssen bestreuen. Sofort servieren. ✕

Unter einer Chiffonade (frz.) versteht man aufgerollte Salatblätter oder Kräuterblätter, die in feine Streifen geschnitten werden.

MUNGBOHNENSPROSSENSALAT — *GỎI GIÁ*
(4–6 Portionen)

ZUTATEN

- 60 ml Reisessig
- 1 TL Zucker
- 500 g Mungbohnensprossen
- 3 Stangen Schnittknoblauch, in Stücke geschnitten
- Salz

ZUBEREITUNG

1 — Alle Zutaten in eine Salatschüssel geben und gut umrühren. ×

Das ist die ideale Beilage zum karamellisierten Schweinefleisch von Seite 75!

SALAT MIT GEMÜSE, SCHWEINEFLEISCH UND GARNELEN
— GỎI RAU CỦ
(4 Portionen)

ZUTATEN

- 1 kleiner Daikon (weißer Rettich), in Scheiben gehobelt
- 2 Karotten, in Scheiben gehobelt
- 1 Stange Sellerie, in Scheiben gehobelt
- 125 g rohe Garnelen
- 125 g Schweinebrust
- 2 Gurken
- 85 ml Fischsaucen-Vinaigrette (s. S. 31)
- Thai-Basilikum, grob gehackt
- Vietnamesischer Koriander, grob gehackt
- Vogelaugenchili nach Beliebe
- 60 g zerstoßene Erdnüsse
- 2 EL Röstzwiebel

ZUBEREITUNG

1 — Daikon-, Karotten- und Selleriescheiben in eine Schüssel Eiswasser legen und für 15 Minuten in den Kühlschrank stellen. **2 —** 1 l gesalzenes Wasser zum Kochen bringen und die Garnelen 2 Minuten blanchieren. Herausnehmen und sofort in einer Schale Eiswasser abschrecken. **3 —** Garnelen schälen, längs halbieren und in einer Salatschüssel kühl stellen. **4 —** Schweinebrust ins Blanchierwasser legen, 5 Minuten kochen und regelmäßig Schaum abschöpfen. **5 —** Herausnehmen und in den Kühlschrank stellen. **6 —** Kochwasser abseihen und für den späteren Gebrauch aufheben. **7 —** Die Schweinebrust, wenn sie ganz ausgekühlt ist, in Scheiben schneiden und auf den Garnelen in der Salatschüssel verteilen. **8 —** Gemüse abtropfen lassen, Gurken in Stifte schneiden und in die Salatschüssel geben. **9 —** Mit der Hälfte der Fischsaucen-Vinaigrette beträufeln, Thai-Basilikum, Vietnamesischen Koriander und Chili daruntermischen. **10 —** 10 Minuten im Kühlschrank ziehen lassen. **11 —** Mit restlicher Vinaigrette nachwürzen, mit zerstoßenen Erdnüssen und gerösteten Zwiebeln bestreuen und sofort servieren. ×

Dazu schmecken Spalten von grüner Mango.

LOTUSSTÄNGELSALAT — *GỎI SEN*
(4 Portionen)

ZUTATEN

- 125 g rohe Garnelen
- 125 g Schweinebauch
- 450 g Lotusstängel
- 60 ml Fischsaucen-Vinaigrette (s. S. 31)
- 1 Handvoll Vietnamesischer Koriander, grob gehackt
- Vogelaugenchili nach Belieben
- 60 g zerstoßene Erdnüsse
- 2 EL geröstete Zwiebel

ZUBEREITUNG

1 — Garnelen 2 Minuten in kochendem Salzwasser blanchieren. Herausnehmen und sofort in einer Schüssel mit Eiswasser abschrecken. **2** — Garnelen schälen, längs halbieren und in eine Salatschüssel legen. Beiseitestellen. **3** — Schweinebauch im selben Wasser 5 Minuten kochen, regelmäßig Schaum abschöpfen. Das Fleisch herausnehmen und in den Kühlschrank legen. **4** — Kochwasser abseihen und für später aufheben. **5** — Lotusstängel in Scheiben schneiden und in die Salatschüssel geben. **6** — Den gut ausgekühlten Schweinebauch dünn aufschneiden und in die Salatschüssel legen. **7** — Fischsaucen-Vinaigrette, Vietnamesischen Koriander und Vogelaugenchili daruntermischen. **8** — Zerstoßene Erdnüsse und geröstete Zwiebel darüberstreuen und sofort servieren. ×

LAUWARMER WASSERSPINAT-SALAT MIT RINDFLEISCH
— GỎI RAU MUỐNG
(4–6 Portionen)

ZUTATEN

- 1 Bund Wasserspinat
- Erdnussöl zum Braten
- 250 g Rinderlende, in dünne Scheiben geschnitten
- 1 Zwiebel, in Ringe geschnitten
- 1 Knoblauchzehe, gehackt
- 2 EL Fischsauce
- 60 g Schalotten in Essig (s. S. 39)
- 60 g zerstoßene Erdnüsse
- verdünnte Fischsauce (s. S. 31) nach Belieben

ZUBEREITUNG

1 — Mit einem sehr scharfen Messer den Wasserspinat in hauchdünne lange Streifen schneiden und sie nach und nach in einen großen Topf mit kaltem Wasser legen. **2** — Wenn die Streifen sich alle schön geringelt haben, aus dem Wasser nehmen und ein paar Minuten in einem Sieb abtropfen lassen, ab und zu schütteln. **3** — Wenig Öl in einer beschichteten Pfanne heiß werden lassen und Zwiebeln und Knoblauch 1 Minute darin anschwitzen. **4** — Rindfleischscheiben dazugeben und 1 Minute braten. **5** — Fischsauce zugießen und gut umrühren. **6** — Wasserspinat in eine Salatschüssel geben, Rindfleisch mit Bratensaft, marinierte Zwiebelscheiben und Erdnüsse zufügen und gut vermischen. **7** — Lauwarm servieren und verdünnte Fischsauce dazu reichen. ✖

Statt Wasserspinat können Sie auch Kresse oder Friséesalat nehmen.

TANTE 7 — *LÝ KIM HẠNH*

Frittiertes mag sie nicht, Frittieren dagegen sehr.

Sie liebt es, die Bläschen im Öl aufsteigen zu sehen und am heißen Herd zu stehen, um Süßkartoffelstäbchen, Sesamteigbällchen oder eine panierte Auberginenscheibe zu wenden ... Der Duft hypnotisiert sie, vielleicht auch die Gefahr. Frittieren birgt ein Risiko, das sie gut kennt, denn sie hat sich einmal die Hand verbrannt, als sie einen Kessel mit kochendem Öl umstieß. Sie kann nicht mit Übertrag addieren, keine 100 Gramm Mehl abwiegen und nicht allein leben. Aber ihre gebratenen Bananen sind unübertrefflich, und die Kunst der Konversation beherrscht sie besser als ihre Schwestern.

FRITTIERTES UND GEBRATENES

FRITTIERTE HÜHNERFLÜGEL — *CANH GÀ CHIÊN*
(4 Portionen)

ZUTATEN

- 500 g Hühnerflügel, halbiert
- 1 Knoblauchzehe, gehackt
- 60 ml Fischsauce
- Pfeffer
- 250 g Reismehl oder Maisstärke
- Erdnussöl zum Braten
- Bananenblätter zur Dekoration (nach Belieben)

ZUBEREITUNG

1 — Hühnerflügel, Knoblauch und Fischsauce in eine Schüssel geben, großzügig pfeffern, gut umrühren und 5 Minuten ziehen lassen. **2** — 1 cm hoch Öl in einer großen Edelstahlpfanne auf mittlerer bis großer Flamme erhitzen. **3** — Reismehl in eine zweite Schüssel geben. **4** — Hühnerflügel aus der Marinade nehmen, kurz abtropfen lassen und schnell im Reismehl wenden, sodass sie ganz damit überzogen sind. **5** — Hühnerflügel nebeneinander ins heiße Öl legen und 10 bis 15 Minuten braten, bis sie innen ganz durch und äußerlich schön gebräunt sind. **6** — Auf einem Bananenblatt oder einer Platte anrichten und sofort servieren. ✕

GEBRATENE FISCHE MIT ZITRONENGRAS — *CÁ CHIÊN SẢ*
(4 Portionen)

ZUTATEN
- 500 g kleine, weißfleischige Fische (Stinte oder Sardellen)
- 170 g Zitronengras, gehackt
- 1 TL Salz
- 1 Vogelaugenchili, fein gehackt
- Erdnussöl zum Braten
- 1 Knoblauchzehe, gehackt
- 500 g gekochter Jasminreis (s. S. 37)
- verdünnte Fischsauce (s. S. 31)

ZUBEREITUNG

1 — Fische putzen, waschen und gut abtrocknen. Zitronengras, Salz und Chili in einen tiefen Teller geben, gut vermengen, Fische in der Mischung wälzen. 2 — 5 Minuten ruhen lassen und dann noch einmal wälzen. 3 — Vor dem Servieren 1 cm hoch Öl in einer großen Edelstahlpfanne erhitzen und die Fische mit der Zitronenpanade darin braten, bis sie rundum goldbraun sind. 4 — Knoblauch zufügen und 2 Minuten weiterbraten, dabei die Fische öfter wenden. 5 — Sofort mit Jasminreis und verdünnter Fischsauce servieren. ✘

LACHSSTEAK MIT ZWEI BEILAGEN
— CÁ CHIÊN
(4 Portionen)

ZUTATEN

- Erdnussöl zum Braten
- Salz und Pfeffer
- 4 Lachssteaks (à ca. 175 g)
- 1 Handvoll Korianderblätter
- 500 g gekochter Jasminreis (s. S. 37)

ZUBEREITUNG

1 — Eine große Edelstahlpfanne auf mittlerer bis großer Flamme erhitzen, 1 cm hoch Öl hineingießen, Lachssteaks salzen und pfeffern und von jeder Seite 3 Minuten braten. **2** — Herausnehmen und auf einen Teller mit zwei Lagen Küchenkrepp legen. **3** — Steaks auf einer großen Servierplatte anrichten, mit der gewählten Garnitur (s. nächste Seiten) versehen und mit Korianderblättern bestreuen. **4** — Sofort servieren, Jasminreis dazu reichen. ✗

Vietnamesen nehmen gern ganze Fische, weil sie das Knusprige von Schwanz und Kiemen lieben.

TOMATENGARNITUR — SỐT CÀ

ZUTATEN

- Erdnussöl zum Braten
- 1 grüne Paprika, gewürfelt
- 2 große Tomaten, gewürfelt
- 1 Karotte, geraspelt
- 1 EL Fischsauce
- Pfeffer
- verdünnte Fischsauce (s. S. 31) nach Belieben
- 1 Vogelaugenchili, fein gehackt, nach Belieben

ZUBEREITUNG

1 — Eine kleine Pfanne auf mittlerer bis großer Flamme erhitzen, wenig Öl hineingießen und die Paprikawürfel 5 Minuten darin anschwitzen, aber nicht braun werden lassen. **2** — Tomatenwürfel zufügen und 1 Minute weiterdünsten. Karottenraspel und Fischsauce zugeben, pfeffern, gut durchmischen, 1 Minute weiterdünsten und vom Herd nehmen. **3** — Heiß zu den Lachssteaks servieren, verdünnte Fischsauce und gehackten Chili dazu reichen. ×

MANGO-INGWER-GARNITUR — *XOÀI CHUA*

ZUTATEN

- 3 EL verdünnte Fischsauce (s. S. 31)
- 2 EL Ingwerpüree
- 1 Knoblauchzehe, gehackt
- 1 (am besten grüne) Mango, in Julienne geschnitten
- Koriander
- Chili nach Belieben

ZUBEREITUNG

1 — Verdünnte Fischsauce in einer kleinen Schüssel mit Ingwerpüree und gehacktem Knoblauch gut vermischen. **2** — Lachssteaks auf einer Servierplatte anrichten und mit der Julienne von grüner Mango belegen. Fischsauce mit Ingwer und Knoblauch darüberträufeln, bis die Julienne davon durchtränkt ist. Mit Korianderblättern und gehacktem Chili nach Belieben bestreuen und sofort servieren. ✘

»Es gab viele Wörter, deren Bedeutung Mama nicht kannte. Glücklicherweise wohnten wir in der Nähe eines lebenden Wörterbuchs. Der Mann war älter als Mama. Die Nachbarn hielten ihn für verrückt, weil er jeden Tag unter dem Wasserapfel saß und französische Wörter und deren Übersetzung rezitierte. Sein Wörterbuch, das er während seiner gesamten Jugend bei sich getragen hatte, war konfisziert worden, aber er blätterte innerlich weiter in den Seiten. Ich musste ihm nur durch den Zaun, der uns trennte, ein Wort zurufen, und er nannte mir dessen Bedeutung. Er hatte mir gerade den rötesten Wasserapfel aus den Zweigen über seinem Kopf zugeworfen, als ich ihn ausgerechnet nach dem Wort ›schnuppern‹ fragte. ›Schnuppern: durch die Nase einatmen, um zu riechen. Luft schnuppern. Wind schnuppern. Nebel schnuppern. Schnuppere an der Frucht! Schnuppere! Wasserapfel, in Guayana auch Liebesapfel genannt. Schnuppere!‹ Nach dieser Lektion habe ich nie mehr einen Liebesapfel gegessen, ohne zuvor an dessen Haut zu schnuppern, die fuchsienrosa glänzt und eine unschuldige, fast hypnotische Frische ausstrahlt.«

Aus: Kim Thúy, *Der Geschmack der Sehnsucht*

RINDFLEISCH LA LOT — *BÒ LÁ LỐT*
(ca. 30 Röllchen)

ZUTATEN

- 500 g Rinderhack
- 250 g Schweinehack
- 125 g grob gehackte Erdnüsse
- 1 Knoblauchzehe, fein gehackt
- 3 EL Zitronengras, fein gehackt
- Salz
- 60 ml Sojasauce
- 3 EL Rum
- 1 Bund Betelblätter (30 große Blätter)
- verdünnte Fischsauce (s. S. 31) nach Belieben

ZUBEREITUNG

1 — Rinder- und Schweinehack in eine große Schüssel geben, Erdnüsse, Knoblauch und Zitronengras zufügen, etwas salzen und gut vermengen. **2** — Sojasauce und Rum darübergießen und gut untermischen. Mit Klarsichtfolie abdecken und 30 Minuten im Kühlschrank durchziehen lassen. **3** — Anschließend je einen kleinen Löffel Hackmischung auf ein Betelblatt geben, einrollen und am Ende den Stiel durch das Blatt stechen, um das Röllchen zu verschließen. So fortfahren, bis die Hackmischung und die Blätter aufgebraucht sind. **4** — Die Röllchen 10 bis 15 Minuten unter regelmäßigem Wenden in einer Grillpfanne oder auf dem Rost braten oder den Backofen auf 180 °C vorheizen und die Röllchen auf einem mit Aluminiumfolie ausgelegten Backblech 30 Minuten garen. **5** — Servieren und Schälchen mit verdünnter Fischsauce beigeben. ×

Wenn Sie keinen Betel finden, können Sie die Farce auch in Grünkohlblätter wickeln.

SCHWEINE- UND RINDFLEISCHSPIESSCHEN
— XIÊNG BÒ & HEO NƯỚNG
(8 Stück)

ZUTATEN

- 500 g Schweinebrust mit Schwarte
- 500 g Rinderbrust mit Schwarte
- 8 chinesische Bambusstäbchen (flach)
- 125 ml Fischsauce
- 125 ml Ahornsirup
- 125 ml Wasser
- 2 Knoblauchzehen, fein gehackt
- 1 kleine Zwiebel, fein gehackt
- 125 g Zitronengras, gehackt, oder 60 g Ingwer, gehackt
- 1 Schale garnierte Nudeln (s. S. 64)
- verdünnte Fischsauce (s. S. 31) nach Belieben

ZUBEREITUNG

1 — Schweinebrust und Rinderbrust in dünne Scheiben schneiden und auf die Stäbchen spießen. **2** — Die Spieße auf eine große rechteckige Platte legen. **3** — Fischsauce, Ahornsirup, Wasser, Knoblauch, Zwiebeln, Zitronengras (oder Ingwer) in einer Schale gut vermengen. **4** — Die Fleischspieße mit der Marinade übergießen, mit Klarsichtfolie abdecken und für 1 Stunde in den Kühlschrank stellen, nach 30 Minuten wenden. **5** — Die Spieße aus der Marinade nehmen und in einer Grillpfanne braten oder auf den heißen Rost legen und das Fleisch 3 Minuten von jeder Seite braten, bis es schön karamellisiert ist. **6** — Die Spießchen auf die Nudelschale legen. **7** — Verdünnte Fischsauce darüberträufeln und alles gut durchmischen. ✗

SCHWEINEHACKBÄLLCHEN AUF VIETNAMESISCHE ART
— NEM NƯỚNG
(16 Stück)

ZUTATEN

- 1 kg Schweinehack
- 2 EL geröstetes Reismehl (s. S. 35 oder aus dem Asialaden)
- 1 EL Zucker
- 1 EL Rum
- ½ EL Backpulver
- 1 EL Fischsauce
- 1 Knoblauchzehe, gehackt
- Salz
- 16 chinesische (flache) Bambusstäbchen, gewässert
- Frühlingszwiebelsauce (s. S. 32) nach Belieben
- 60 g zerstoßene Erdnüsse
- aromatisierte Hoisin-Sauce (s. S. 33)
- 1 Nudelteller mit Gemüse und Kräutern (s. S. 40)
- 1 Paket Reispapier

ZUBEREITUNG

1 — Schweinehack, geröstetes Reismehl, Zucker, Rum, Backpulver, Fischsauce und Knoblauch in eine tiefe Schüssel geben, salzen und mit den Händen kräftig durchkneten. **2** — Aus der Mischung jeweils eine Menge von ca. 60 g abnehmen und zu Würstchen von ca. 2 ½ cm Durchmesser formen. **3** — Jedes auf ein Stäbchen schieben und anpressen, damit die Masse gut am Spieß haftet. **4** — Grill anheizen oder eine Grillpfanne sehr heiß werden lassen und die Spieße 10 Minuten unter regelmäßigem Wenden garen. **5** — Spieße in einen Teller legen und mit Frühlingszwiebelsauce begießen. **6** — Zerstoßene Erdnüsse darüberstreuen.
7 — Schälchen mit aromatisierter Hoisin-Sauce vor jeden Gast stellen. Die Spießchen und der Nudelteller kommen mit einem Stapel Reisblätter und einer Schale lauwarmem Wasser in die Mitte des Tisches. Jeder Gast befeuchtet ein Reisblatt und macht sich eine Rolle nach seinem Geschmack, die er dann in die aromatisierte Hoisin-Sauce tunkt. ×

FISCH AUS DEM OFEN — *CÁ NƯỚNG*
(6 8 Portionen)

ZUTATEN

- 250 ml Pflanzenöl
- Salz und Pfeffer
- 1 ganzer Wolfsbarsch, ca. 1 ½ kg
- 250 g trockenes Weißbrot in winzigen Würfeln
- 12–15 Frühlingszwiebeln in Ringen
- 125 g Zucker
- 1 EL Salz
- 250 ml verdünnte Fischsauce (s. S. 31)
- 2 EL Ingwerpüree
- 125 g zerstoßene Erdnüsse
- 1 Nudelteller mit Gemüse und Kräutern (s. S. 40)
- 1 Paket Reispapier

ZUBEREITUNG

1 — Backofen auf 190 °C vorheizen. **2** — Den Fisch innen und außen mit Öl, Salz und Pfeffer einreiben und auf ein mit Backpapier belegtes Blech legen. In den Ofen schieben und 30 Minuten braten. **3** — Die Brotwürfelchen in einer gut mittelheißen Pfanne mit wenig Öl goldbraun rösten. Auf Küchenpapier legen und beiseitestellen. **4** — 250 ml Öl in eine große Edelstahlpfanne gießen und auf mittlerer bis großer Flamme erhitzen. **5** — Zucker und Salz zufügen. Eine Minute warten, dann die Frühlingszwiebeln hineingeben. Gut umrühren, bis zum Siedepunkt erhitzen und vom Herd nehmen. **6** — Verdünnte Fischsauce und Ingwerpüree mischen und in Schälchen verteilen. **7** — Den fertigen Fisch auf einer großen Servierplatte anrichten, mit Frühlingszwiebeln, Brotwürfelchen und zerstoßenen Erdnüssen garnieren. **8** — Jedem Gast ein Schälchen verdünnte Fischsauce mit Ingwerpüree hinstellen. Die Platte mit dem Fisch und der Nudelteller kommen mit dem Stapel Reisblätter in die Mitte des Tisches. **9** — Jeder Gast befeuchtet ein Reisblatt und macht sich eine Rolle nach seinem Geschmack, die er dann in die Ingwer-Fischsauce tunkt. ×

Verwendet man für dieses Rezept Fischfilet, muss die Garzeit entsprechend reduziert werden.

TANTE 8 — LÝ KIM NHÂN

Mit Tante 8 habe ich nach unserer Ankunft in Kanada zwei Jahre lang Zimmer und Bett geteilt.

Eines Abends fragte sie mich, was das französische Wort *déesse* bedeutet. Wir wussten beide weder, wie man es schreibt, noch, ob es ein Wort ist oder zwei. Als wir endlich auf »Göttin« gekommen waren, erzählte sie mir, dass ein Mann aus Québec, der jeden Morgen mit ihr im Bus fuhr, sie nach einer Weile endlich angesprochen und zu einem Picknick im Park gegenüber unserer Wohnung eingeladen hatte. Es war Sommer, und ihre Sandalen mit den geflochtenen Bändern zeigten ihre Füße. Als sie sich ins Gras setzten, um zu essen, streichelte er ihre nackten Zehen und nannte sie »Göttin« – *déesse*. Seither träume ich von diesem Wort, das ein Verehrer meiner Tante 8, der unvergänglichen Schönheit, schenkte.

GESCHMORTES

RINDERRAGOUT MIT ZITRONENGRAS — *BÒ KHO*
(6 Portionen)

ZUTATEN

- 1 Schulterstück vom Rind mit Knochen (ca. 1 ½ kg)
- Pflanzenöl zum Anbraten
- 4 Stängel frisches Zitronengras
- 1 Zwiebel, in Achtel geschnitten
- 2 Karotten, in Stücke geschnitten
- 1 EL Madras-Curry
- 1 EL Fünf-Gewürze-Pulver
- 2 frische Tomaten, in Achtel geschnitten
- 1 l Wasser
- Salz und Pfeffer
- gekochte flache Reisnudeln
- marinierter Daikon-Rettich (s. S. 39)
- Thai-Basilikum

ZUBEREITUNG

1 — Knochen entfernen und beiseitelegen. **2** — Fleisch in große Würfel schneiden. **3** — Knochen bei großer Hitze in einem Schmortopf mit etwas Öl anbräunen. Herausnehmen und beiseitestellen. **4** — Nach Bedarf zusätzliches Öl im Schmortopf erhitzen und die Fleischwürfel darin anbraten. Herausnehmen und beiseitestellen. **5** — Zitronengrasstängel halbieren und mit einem Kochmesser zerquetschen. **6** — Noch einmal Öl in den Schmortopf gießen und das Zitronengras mit der Zwiebel und den Karotten darin leicht anrösten. **7** — Fleisch und Knochen in den Schmortopf geben, mit Curry und Fünf-Gewürze-Pulver bestreuen und gut vermischen. **8** — Tomaten und Wasser zufügen, salzen und pfeffern, zum Sieden bringen und halb zugedeckt 1 ½ Stunden schmoren, bis man das Fleisch mit der Gabel zerteilen kann.
9 — Zitronengras entfernen und mit flachen Reisnudeln, mariniertem Daikon-Rettich und ein paar Stängeln Thai-Basilikum servieren. ×

Statt Nudeln schmeckt zu diesem Rinderschmortopf auch Baguette: Mit dem Weißbrot tunkt man die Sauce auf, als könnte der Orient nicht ohne den Okzident existieren und umgekehrt.

RINDERHACKBRATEN MIT ZWIEBELN — *THỊT BÒ CHƯNG*
(8 Portionen)

ZUTATEN

- 2 Zwiebeln
- 1 kg Rinderhack
- 3 Knoblauchzehen, fein gehackt
- 60 ml Sojasauce
- Pfeffer
- 2–3 Gurken, in Stifte geschnitten
- gekochter Jasminreis (s. S. 37)
- Sojasauce nach Belieben
- Vogelaugenchili nach Belieben

ZUBEREITUNG

1 — Eine Zwiebel hacken, eine in Scheiben schneiden. Rinderhack, gehackte Zwiebel, Knoblauch und Sojasauce in eine Schüssel geben, großzügig pfeffern und gut verkneten. **2** — Eine Kastenform mit 1 ½ l Inhalt ölen, Rinderhack hineingeben, gut andrücken und mit den Zwiebelscheiben belegen. **3** — Die Form in eine größere rechteckige Wanne stellen, in die man bis zur halben Höhe der Form kochendes Wasser füllt. Dann schiebt man das Ganze in den Backofen und lässt es 1 Stunde im Wasserbad garen. **4** — Heiß, lauwarm oder kalt mit Gurkenstiften, Jasminreis, Schälchen mit Sojasauce und Vogelaugenchili nach Belieben servieren. ✗

FRÜHSTÜCK

Eine meiner ersten Schulaufgaben in Québec bestand darin, mein Frühstück zu beschreiben. Wir waren acht kleine Vietnamesen und sagten fast alle dasselbe: »Reis, Schweinefleisch, Suppe«. Angesichts unserer Antworten spielte unsere Lehrerin Marie-France uns das Erwachen vor, indem sie sich streckte, sich die Augen rieb und aufstand, weil sie glaubte, dass wir ihre Frage nicht verstanden hätten. Schließlich mussten meine Eltern, die bereits Französisch sprachen, das Missverständnis telefonisch aufklären, indem sie übersetzten, aber nicht die Wörter, sondern die unterschiedlichen Ernährungstraditionen beider Kulturen.

Wenn man die Muttersprache einer Person erfahren will, heißt es, fragt man sie am besten danach, wie sie zählt. Bei mir verraten die Frühstücksgewohnheiten, dass ich keine »in der Wolle gefärbte« Kanadierin bin, obwohl ich seit vierzig Jahren in Québec lebe. Ich mag noch immer kein Müsli und keinen Toast zum Frühstück. Aber ich habe auch keine Lust mehr auf Hühner- oder Reissuppe mit einer Scheibe Hackbraten und Bì. Deshalb esse ich morgens überhaupt selten etwas. Und anscheinend habe ich diese Gewohnheit an meine Kinder weitergegeben, denn sie weigern sich oft zu frühstücken und gehen lieber mit leerem Magen zur Schule!

VIETNAMESISCHER HACKBRATEN — *THỊT CHƯNG TRỨNG*
(8 Portionen)

ZUTATEN
- 1 Päckchen (à 45 g) Glasnudeln
- 500 g Schweinehack
- 250 g Pilze, grob gehackt
- 125 g Zwiebeln, gehackt
- 2 ganze und 2 getrennte Eier
- 60 ml Fischsauce
- nach Wahl geschnittenes Gemüse (Gurke, Radieschen, Frühlingszwiebeln, Daikon-Rettich o.ä.)
- Kräuter nach Belieben (Basilikum, Koriander, Thai-Basilikum, Vietnamesischer Koriander, Minze usw.)
- Frühlingszwiebelsauce (s. S. 32)
- verdünnte Fischsauce (s. S. 31) nach Belieben

ZUBEREITUNG

1 — Glasnudeln in eine Schüssel geben, mit kaltem Wasser bedecken und 15 Minuten stehen lassen, gelegentlich umrühren. **2** — Gut abtropfen lassen und in ca. 10 cm lange Stücke schneiden. **3** — Schweinehack, Glasnudeln, Pilze und Zwiebeln in eine tiefe Schüssel geben und mit den Händen gut vermischen. **4** — Mit einer Gabel die 2 ganzen Eier mit den beiden Eiweißen und der Fischsauce verschlagen. Über die Hackfleischmischung gießen und gut einarbeiten. **5** — Den Backofen auf 180 °C einstellen. Die Mischung in eine geölte Kastenform von 1 ½ l Inhalt streichen. Die Form in eine größere rechteckige Wanne stellen, die bis zur Mitte der Form mit kochendem Wasser gefüllt wird. Das Ganze in den Backofen schieben und 1 Stunde garen. **6** — 10 Minuten vor Schluss den Hackbraten mit den restlichen Eigelben bestreichen und fertig garen. **7** — Gemüse und Kräuter in eine große Servierschüssel legen, Hackbraten aufschneiden und, mit Frühlingszwiebelsauce garniert, heiß, lauwarm oder kalt auftragen und Schälchen mit verdünnter Fischsauce dazu reichen. ✕

Vietnamesischer Hackbraten wird oft mit Reis, Schweinekotelett und Bì (s. S. 132) zum Frühstück serviert.

BÌ
(2 Portionen)

ZUTATEN

- 500 g Schweinelende mit Schwarte
- Erdnussöl zum Anbraten
- 4 ungeschälte Knoblauchzehen
- 1 EL Zucker
- 1 TL Salz
- 85 g geröstetes Reismehl (s. S. 35 oder aus dem Asialaden)
- Pfeffer

ZUBEREITUNG

1 — Schweinelende längs halbieren. **2** — Wenig Öl in einen mittelheißen Topf geben, Knoblauchzehen und Fleisch unter mehrmaligem Wenden leicht anschwitzen, ohne dass sie Farbe annehmen. **3** — Temperatur reduzieren und im offenen Topf 45 Minuten auf kleiner Flamme schmoren lassen, dabei regelmäßig wenden. Die Schweinelende muss gut durch sein und der Knoblauch weich. **4** — Schwarte vom Fleisch trennen, beides in feine Streifen schneiden und in eine tiefe Schüssel legen. **5** — Knoblauch aus der Schale drücken und pürieren. Zucker, Salz und geröstetes Reismehl zugeben, pfeffern und gut verrühren. Dann das Knoblauchpüree mit den Fleisch- und Schwartenstreifen gründlich vermengen. ✕

Für eine schnelle Mahlzeit servieren Sie das Bì auf einem Reisbett mit Frühlingszwiebelsauce, mariniertem Gemüse und 2 EL verdünnter Fischsauce.

Man kann auch ein Stück Baguette mit Bì und ein paar Korianderblättchen belegen.

Am frischesten schmeckt Bì auf einer Schale Nudeln mit Kräutern und verdünnter Fischsauce. Nach Belieben mit Chili würzen.

KARAMELLISIERTES SCHWEINERAGOUT — *THỊT KHO*
(6 Portionen)

ZUTATEN

- 1 kg Schweineschulter ohne Knochen, mit oder ohne Schwarte
- Erdnussöl zum Anbraten
- 4 Knoblauchzehen, fein gehackt
- 85 g brauner Zucker
- 400 ml Kokoswasser
- 60 ml Fischsauce
- 1 EL Sojasauce
- Pfeffer
- 6 Eier, hartgekocht und geschält
- Korianderblätter
- Mungbohnensprossensalat (s. S. 93)

ZUBEREITUNG

1 — Schweineschulter in große Würfel schneiden. **2** — In etwas Öl bei mittlerer bis großer Hitze leicht anbräunen. **3** — Knoblauch dazugeben und 1 Minute unter stetigem Rühren weiterbraten. **4** — Braunen Zucker zugeben und unter kräftigem Rühren erhitzen, bis er zu einer zähen Masse karamellisiert ist. Vom Herd nehmen. **5** — Kokoswasser angießen (Vorsicht vor Spritzern!), Fisch- und Sojasauce dazugeben, großzügig pfeffern und gut vermischen. **6** — Wieder auf den Herd stellen, zum Sieden bringen, zudecken und bei kleiner Flamme 2 Stunden köcheln lassen, gelegentlich umrühren. **7** — 20 Minuten vor Schluss hartgekochte Eier zufügen und in der Kochflüssigkeit bewegen. **8** — Mit Korianderblättern bestreuen und heiß servieren, Mungbohnensprossensalat dazu reichen. ×

CHÀ BÔNG

Zu der Zeit, als die Männer in Vietnam in Umerziehungslager gesperrt wurden, brachten ihnen die Frauen dieses monatelang haltbare Trockenfleisch mit. Eine Prise davon genügte, und man hatte das Gefühl, etwas gegessen zu haben, was am salzigen Geschmack der Fischsauce lag. Ansonsten mussten sich die Männer mit Heuschrecken, Ameisen und ihrer Ration von einer Erdnuss pro Tag begnügen. Nur wenn eine tollkühne Ratte es wagte, zu nah an diesen verhungerten Seelen vorbeizulaufen, gab es gelegentlich ein Festmahl.

Heute reiche ich Chà Bông zu Reisschalen, die ich mit einem nussgroßen Stück Butter aromatisiere. Oder ich streue das Fleischpulver auf ein Stück gebuttertes Baguette, und plötzlich steigt eine Geschichte auf, wie ein Märchen aus fernen Landen.

CHÀ BÔNG
(Ergibt 500 ml)

ZUTATEN

- 1 kg Schweinelende ohne Schwarte
- Pfeffer
- 85 ml Fischsauce
- 2 EL Zucker
- 2 Knoblauchzehen, fein gehackt

ZUBEREITUNG

1 — Schweinelende in große Würfel schneiden, in eine tiefe Schüssel geben und großzügig pfeffern. **2** — Fischsauce, Zucker und Knoblauch zugeben und gründlich vermengen. **3** — Die marinierten Fleischwürfel samt der Marinade in einen Topf geben und zugedeckt auf kleiner Flamme 2 Stunden schmoren lassen, regelmäßig umrühren. **4** — Vom Herd nehmen und abkühlen lassen. **5** — Fleischwürfel aus der Flüssigkeit nehmen und mit zwei Gabeln oder einem Stabmixer zerzupfen. **6** — Kochflüssigkeit über die Fleischfasern gießen, gut vermischen und in eine große Pfanne geben. **7** — Auf kleiner Flamme so lange rühren, bis das Fleisch zu trocknen beginnt. Ab diesem Zeitpunkt ständig weiterrühren und dabei das Fleisch gegen den Pfannenboden reiben, bis es eine trockene, wollige Konsistenz bekommt. Dieser Vorgang nimmt mindestens 45 Minuten in Anspruch. **8** — Vollkommen auskühlen lassen und in einem luftdicht verschließbaren Gefäß aufbewahren. So zubereitet, hält sich das Fleisch bei Raumtemperatur über ein Jahr. ✖

REISCREMESUPPE — *CHÁO*
(4 Portionen)

ZUTATEN
- 100 g Reis
- 1 ½ l Wasser

ZUBEREITUNG
1 — Reis in einem Topf mit Wasser auf kleiner Flamme köcheln lassen, bis er eine dickliche, breiige Konsistenz hat. **2** — Mit Chà Bông (s. links) oder karamellisiertem Schweinefleisch (s. S. 75) servieren. ✕

Diese Reissuppe soll praktisch alle Krankheiten heilen können! Sie ist das vietnamesische Pendant zur Hühnersuppe. Man sollte sie essen, wenn man krank ist.

An einem Abend in Hanoi machte mir die Garköchin auf dem Bürgersteig vor meinem Hotel Reissuppe mit Shisoblättern in feinen Streifen gegen mein Fieber. Fast augenblicklich ging es mir besser. Ich weiß nicht, ob es die heilende Kraft der Suppe war oder die wohltuende Kraft ihrer Hände, die diese Wirkung auf mich hatte.

GROSSE SCHWESTER 2 — LÝ THÀNH KIM THÚY

Glücklicherweise, sagt meine Mutter oft zu mir, habe sie mich Thúy genannt und nicht Thùy, denn das Wort mit dem nach links geneigten Akzent bedeute »Feinheit«, und ich sei ja das genaue Gegenteil davon.

Meine Ungeduld kennt keine Grenzen. Ich kann mich nicht erinnern, auch nur ein einziges Mal die Kuchenschachtel ungeöffnet bis nach Hause gebracht zu haben. Meist habe ich kein entsprechendes Werkzeug im Auto. Dann durchbohre ich die Glasur mit meinem rechten Zeigefinger. Wenn ich eine Parkscheibe aus dickem Karton finde, knicke ich sie in der Mitte und verwende sie als Löffel. Normalerweise ist am Ende der Fahrt höchstens noch die Hälfte des Kuchens übrig. Eis esse ich direkt aus dem Becher, indem ich vom Rand abbeiße und die Zunge in die Mitte stecke. Wenn Ihnen das nächste Mal eine Asiatin mit dem ganzen Gesicht im Eisbecher über den Weg läuft, wissen Sie, dass ich es bin.

DESSERTS UND SÜSSIGKEITEN

EISCREME

Vietnamesen, so wird oft gesagt, haben keine Hemmungen, alles zu vietnamisieren. Das berühmte *Bánh Mi* mit Leberpastete und Mayonnaise ist französischen Ursprungs. Wir fügen noch Koriander, mariniertes Gemüse und frische Chilistückchen hinzu. Käse gab es, solange ich Kind war, nur von »La Vache qui rit«, aber bei uns wurde und wird er immer mit einer Banane gegessen. Unser Geburtstagskuchen lebt vom intensiven Geruch der Durian-Frucht. Und beim Eis werden die Klassiker Schokolade-Erdbeer-Vanille von Stachelannone, Pandanusblättern und jungem Reis übertroffen.

Wenn wir in der Schule die Glocken des Eismanns hörten, die uns auf die Straße riefen, wussten wir, dass der Unterricht bald zu Ende war. Es gab Eis in Waffeltüten, aber auch in Brioche-Brötchen. Noch heute liebe ich es, meine Kugel Eis in einem Hamburger-Brötchen oder auf einer Scheibe Weißbrot zu verkosten. Und ich kann Ihnen versichern, dass meine Version viel besser schmeckt als ein Eis-Sandwich.

EISBANANEN — *KEM CHUỐI*
(8 Portionen)

ZUTATEN

- 1 Dose (à 400 ml) Kokoscreme
- 1 Prise Salz
- 250 g gesüßte Kokosflocken
- 250 g zerstoßene Erdnüsse
- 8 reife Minibananen
- 8 chinesische Stäbchen
- 8 quadratische Stücke Klarsichtfolie

ZUBEREITUNG

1 — Kokoscreme mit Salz in einen tiefen Teller geben. **2** — Kokosflocken und Erdnüsse in zwei weitere Teller geben. **3** — Bananen schälen und auf Stäbchen stecken. **4** — Jede Banane in die Kokoscreme tauchen, dann in den Kokosflocken und zum Schluss in den Erdnüssen wälzen. **5** — Die Bananen nacheinander auf ein Stück Klarsichtfolie legen, einwickeln und dabei leicht andrücken, damit die Garnitur besser hält. **6** — In den Tiefkühler legen und vor dem Verzehr mindestens 4 Stunden gefrieren lassen. ✕

Zuckerrohrsaft — der erfrischendste von allen!

GEBRATENE BANANEN — *CHUỐI CHIÊN*
(4 Portionen)

ZUTATEN

- 175 g Mehl
- 1 ½ EL Reismehl
- 2 TL Backpulver
- 1 Prise Salz
- 60 g Zucker
- Wasser
- 3 sehr reife Bananen
- Öl zum Frittieren

ZUBEREITUNG

1 — Beide Mehlsorten, Backpulver, Salz und Zucker in eine Schüssel geben, 125 ml Wasser dazugießen, gut verrühren und weiter Wasser zufügen, bis die Masse etwa die Konsistenz von dickem Pfannkuchenteig hat. 10 Minuten ruhen lassen. **2** — Bananen in je 4 Stücke teilen und diese im Teig wälzen, bis sie ganz davon überzogen sind. **3** — Öl in einem großem Wok oder einer Friteuse (160 °C) erhitzen, Bananenstücke einlegen, immer ein paar auf einmal, und ca. 5 Minuten frittieren, bis sie goldbraun sind. **4** — Herausnehmen und auf Küchenkrepp abtropfen lassen. Sehr heiß servieren. ×

KARAMELLPUDDING — *BÁNH FLAN*
(6 Portionen)

ZUTATEN
- 375 g Zucker
- 3 große Eier
- 2 EL Wasser
- 500 ml Milch
- 1 TL Vanille-Extrakt

ZUBEREITUNG

1 — Backofen auf 180 °C vorheizen. **2** — Mit dem Schneebesen die Eier mit der Hälfte des Zuckers aufschlagen. **3** — Restlichen Zucker mit dem Wasser bei mittlerer Hitze in einer kleinen Kasserolle schmelzen lassen, ohne umzurühren, bis ein ambrafarbenes Karamell entstanden ist. **4** — Heißes Karamell auf 6 Schälchen verteilen und abkühlen lassen. **5** — Milch bis kurz vor dem Sieden erhitzen. Die Ei-Zucker-Mischung unter die Milch mischen und das Ganze auf die 6 Schälchen verteilen. **6** — Eine rechteckige Backofenform mit einem Geschirrtuch auslegen, Schälchen nebeneinander hineinstellen und die Form bis zur Hälfte der Schälchen mit heißem (aber nicht kochendem) Wasser auffüllen und in den Ofen schieben. **7** — 35 Minuten stocken lassen. **8** — Aus dem Ofen nehmen, Schälchen aus dem Wasser heben. Gut auskühlen lassen. **9** — Pudding vor dem Servieren mit einem scharfen Messer vom Rand lösen und auf Dessertteller stürzen. ×

Man kann eine dünne Orangen- oder Mandarinenscheibe auf den Boden jedes Schälchens legen, bevor man es mit Karamell ausgießt.

Karamellpudding gibt es praktisch überall in Vietnam; aus einem französischen Import ist er zu einem vietnamesischen Dessert geworden. Ich muss Ihnen gestehen, dass unter allen Puddingen der Welt keiner an diese vietnamesische Version heranreicht. Und der von meiner Tante 8 ist überhaupt unvergleichlich.

DIE GUAVE

Nachdem mein Vater gewagt hatte, unser Budget zu überziehen, um zum ersten Mal in Montreal wieder eine Guave zu kaufen, versammelte er seine kleine Familie um den Esstisch und gab jedem eine sorgfältig abgeschnittene Scheibe. Mit angehaltenem Atem sah er uns beim Essen zu. Er wollte uns eine neue Frucht von jenem Ort vorstellen, den er verlassen und verloren hatte. Und ahnte nicht, dass ich den Standort des Guavenbaums im Hinterhof unseres Hauses in Saigon ganz genau im Gedächtnis behalten hatte. Auch dass meine Brüder diese Frucht wiedererkennen könnten, hatte er nicht erwartet. Seitdem ist die Guave die Lieblingsfrucht meines Bruders Tin, der sie am liebsten mit Salz und Chili isst wie alle Vietnamesen.

*Mit Marike Paradis,
der Gestalterin dieses Buches*

GRAVIOLA-SMOOTHIE — *SINH TỐ MÃNG CẦU*
(1 Portion)

ZUTATEN

- 250 g Graviola-Fruchtpüree (tiefgefroren)
- 1 EL gezuckerte Kondensmilch
- Eiswürfel
- 170 ml Wasser

ZUBEREITUNG

1 — Alle Zutaten in einen Standmixer füllen und diesen laufen lassen, bis eine homogene Masse entstanden ist. ✕

Wenn Sie eine frische Graviola auftreiben, fügen Sie 2 weitere EL Kondensmilch hinzu. Man kann die Frucht aber auch pur genießen. Sie hat festes Fleisch, schmeckt leicht und riecht frisch.

TAPIOKACREME MIT BANANEN AUF VIETNAMESISCHE ART — *CHÈ CHUỐI*
(6 Portionen)

ZUTATEN

- 500 ml Wasser
- 1 Prise Salz
- 60 g Tapiokaperlen
- 3 EL Zucker
- 250 ml Kokosmilch
- 85 g zerstoßene Erdnüsse
- 1 EL geröstete Sesamkörner
- 2 sehr reife Bananen, geschält und in dicke Scheiben geschnitten

ZUBEREITUNG

1 — Wasser zum Kochen bringen, Salz und Tapiokaperlen zufügen, Temperatur reduzieren und unter Rühren köcheln lassen, bis die Tapiokaperlen durchsichtig werden. Vom Herd nehmen. **2** — Zucker und Kokosmilch zufügen und gut unterrühren. **3** — Zerstoßene Erdnüsse und geröstete Sesamkörner in einer Schale mischen und beiseitestellen. **4** — Vor dem Servieren Bananenscheiben in die lauwarme Tapiokacreme geben und mit der Erdnuss-Sesam-Mischung bestreuen. ✕

»Mein Vater liebte Autos leidenschaftlich. Wäre er in einer anderen Zeit und an einem anderen Ort zur Welt gekommen, wäre er Sammler geworden. Aber in dieser Epoche des Krieges hatte es etwas Maßloses, wenn er seinen Wagen in einem Schulhof parkte, um ihn am Ende des Tages mit flammendroten Blütenblättern bedeckt vorzufinden. Es hatte etwas Anstößiges, wenn er zwei Stunden auf einer Lehmpiste voller Granateneinschläge siebenunddreißig Kilometer zu seinem Großvater fuhr, um mit ihm Kaffee zu trinken, auch wenn es ein seltener Kaffee aus den unverdauten Kernen von Füchsen gefressener Kaffeekirschen war. Liebhaber behaupten, eine einzige Tasse davon reiche aus, um süchtig zu machen, denn die Bohnen durchlaufen im Magen des Fuchses einen Fermentationsprozess, bevor sie den üblichen Weg der Natur nehmen.

Auch heute noch glaubt mein Vater, dass der Kaffee, den er sich aus Vietnam schicken lässt, der beste ist. Er macht sich jeden Morgen einen, stellt den Filter direkt auf das Glas und gibt einen Löffel Kaffee hinein. Dann gießt er heißes Wasser darauf und sieht zu, wie die Tropfen einer nach dem anderen auf die Kondensmilch am Boden des Glases fallen. Plopp ... plopp ... plopp. Vielleicht schlage ich ihm einmal vor, mit mir auf die Reise zu gehen, denselben Weg noch einmal zurückzulegen, um gemeinsam einen Fuchslosungskaffee zu trinken und den Wind in seine Haare fahren zu sehen, die grau geworden sind wie die seines Großvaters.«

Aus: Kim Thúy, *À toi*

NATALIES MATCHATEE-KEKSE
(48 Stück)

ZUTATEN

- 500 g Universalmehl
- 1 TL Hefe
- ½ TL Backpulver
- 2 EL Matchapulver
- 150 g gesalzene Butter
- 200 g brauner Zucker
- 2 geschlagene Eier
- 125 g geröstete Pinienkerne
- 200 g weiße Schokolade, gehackt
- Aluminium- bzw. Klarsichtfolie
- Backpapier

ZUBEREITUNG

1 — Mehl, Hefe, Backpulver und Matchapulver gemeinsam sieben und beiseitestellen. **2** — Mit einem Handmixer oder einer Küchenmaschine die Butter cremig rühren, bis sie weiß wird. Braunen Zucker zufügen und schaumig schlagen. **3** — Eier dazugeben und weiterschlagen. **4** — Mehlmischung auf drei Mal unterheben und zwischendurch jedes Mal kräftig schlagen. **5** — Nüsse und Schokolade zufügen und kurz weiterschlagen, bis alles gut vermischt ist. **6** — Teig in 4 Teile teilen und jeweils in der Mitte eines Quadrats aus Aluminium- oder Klarsichtfolie platzieren. **7** — Auf der Arbeitsfläche zu Würsten von ca. 5 cm Durchmesser rollen und die Enden mit einem Knoten verschließen. **8** — Mindestens 2 Stunden im Kühlschrank ruhen lassen. **9** — Den Ofen auf 165 °C vorheizen. **10** — Jede Rolle in 10 oder 12 Scheiben schneiden, diese auf ein mit Backpapier ausgelegtes Backblech legen, in den Ofen schieben und 9 bis 12 Minuten backen. ×

Um schöne, gleichmäßige Rollen herzustellen, verwendet man am besten eine Sushi-Matte.

Die Teigrollen lassen sich 1 Woche im Kühlschrank und 6 Monate im Gefrierschrank aufbewahren (vor dem Backen 24 Stunden im Kühlschrank auftauen lassen).

DĐ: 0919201169. 0838301131

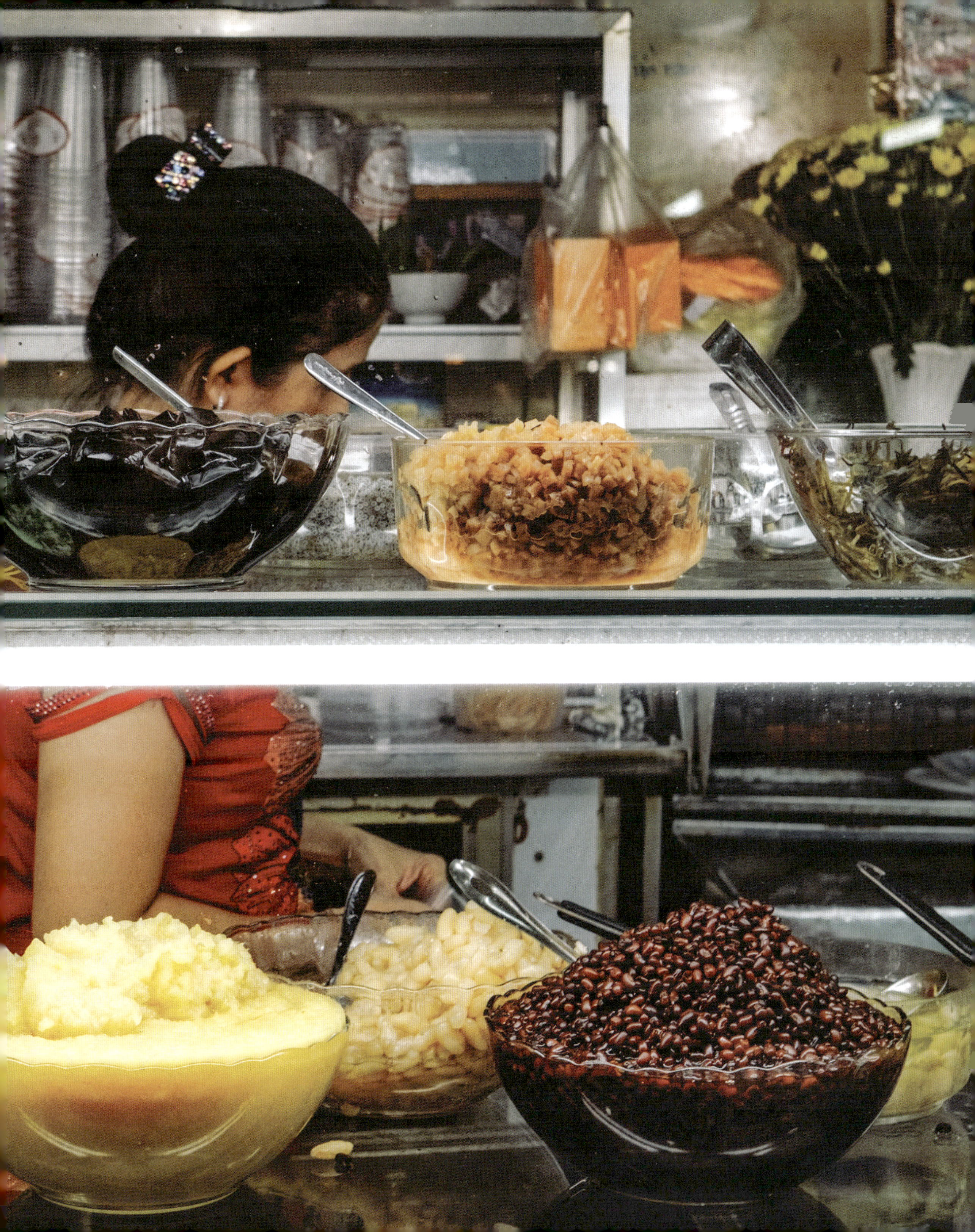

Mit der Sommelière Michelle Bouffard

ZUM ESSEN: WEINE

Für Vietnamesen, sagt man, ist Essen ein Liebesbote.
Die Großzügigkeit, die sich im Überfluss der Tafelfreuden ausdrückt, ist eine
Geste der Zuneigung.

Kims Auto ist eine Art Cafeteria. So kurz die Strecke auch sein mag, wenn man mit ihr fährt, bekommt man unweigerlich einen Smoothie, einen Keks oder Gebäck angeboten. Sind ihre Lieben von einem Virus befallen, fährt sie ihnen unermüdlich selbstgekochte Suppe vorbei. Und wenn ich sie zum Essen einlade, bringt sie jedes Mal ein ganzes Menü mit, auch wenn ich ihr vorher gesagt habe, was ich kochen will.

Gespräche nach dem Essen führt Kim lieber auf dem Dielenboden als auf dem Sofa. Aber die wirklich ernsten Diskussionen finden am späten Abend im Türrahmen statt. Kim behauptet, dass sie sich mit Wein nicht auskennt, und trinkt auch keinen Alkohol. Zum Glück. Denn jeder Abschied – im Stehen, schon im Mantel oder ohne, mit leeren oder vollen Händen – entwickelt sich zu einer philosophischen Konversation, die oft erst im Morgengrauen endet. Inmitten ihrer Lieben bleibt für sie die Zeit stehen. Und Gesten sprechen noch lauter als Worte, selbst bei einer Schriftstellerin.

RIESLING

Die Gerichte eines Landes und der Wein einer bestimmten Region sind wie Tagebücher, glaube ich. Sie tragen deren Geschichte in sich, ebenso wie sie heutige Anliegen und Gefühle widerspiegeln. Jeder Bissen, jeder Schluck verrät dem, der zuhören kann, Geheimnisse.

Zwei meiner besten Freundinnen sind Vietnamesinnen. Auch wenn ich noch nie in ihrer Heimat war, muss ich nur die Augen schließen und an ihre Küchengenüsse denken, und schon habe ich das Gefühl, dort zu sein. Sie mögen es lieber heiß als kalt und lieber süß als bitter. Die Aromen ihrer Gerichte bilden eine Symbiose zwischen der Frische, die wach macht, und dem Zucker, der einlullt. Diese köstliche, von Gerüchen getragene Kombination birgt die ganze Intensität des Landes.

Widrigkeiten setzt man Widerstand entgegen. Die kraftvollen Zutaten der vietnamesischen Küche verlangen nach einem Wein von ebensolcher Charakterstärke. Der Riesling ist dafür der ideale Kandidat. Immer ehrlich, mit deutlicher Säure und ausgeprägten Aromen, atmet er Frische. Lassen Sie sich nicht täuschen von den üppigen Noten, die zwischen Zitrus und Steinobst schwanken, sein Körper ist sehr viel leichter, als er Sie glauben macht. Wandelbar wie ein Chamäleon, kann er ganz trocken sein, aber auch mit einer leichten Süße, ja sogar sehr süß, je nachdem, wie sich der Winzer entscheidet. Restzucker kann die Illusion eines geringeren Säuregehalts hervorrufen.

Passend zu den Gerichten, die immer Zucker enthalten, bevorzuge ich leicht süße Rieslinge für eine vollkommene Harmonie mit den vietnamesischen Rezepten. Ich empfehle die feinen deutschen Rieslinge, aber auch Kanada, das Elsaß, Österreich und Australien bieten schöne Möglichkeiten. Zu den Desserts wählen Sie die süßeren.

Der Riesling gilt als Edeltraube. Auch auf Reisen bewahrt er seinen ausgeprägten Charakter, seine Individualität. Er brilliert in kühlerem Klima und überlebt auch strenge Winter. Seine Freundlichkeit und Leichtigkeit lassen seine komplexe und nachdrückliche Art leicht vergessen. Mit guten Genen ausgestattet, lässt er von Jugend an Größe erahnen, aber wenn er altert, macht die Zeit ihn noch größer. Seine Mineralität tritt dann deutlicher hervor.

Der Weg eines Lebens ist geprägt durch die Entscheidungen, die man trifft. Ich hätte über den Albarino sprechen können, den Gewürztraminer, den Assyrtiko, den Pinot blanc und viele andere. Aber ich wollte hier die Geschichte jener Frau erzählen, die eines Morgens mit ihrer Familie geflohen ist und sich von den Schrecken des Ozeans tragen ließ, um zu uns zu kommen. Die Kriegerin in ihr hat die Eigenschaften des Rieslings.

Auf das aromatische Grundgerüst des Rieslings, das unsere Geschmacksknospen weckt, und sein Rückgrat, das uns zur Ordnung ruft, kann man sich immer verlassen. Der Versuchung zu widerstehen ist unmöglich. Im Folgenden nenne ich Ihnen ein paar gute Häuser, um die Nuancen seines Charakter zu erkunden.

Der Riesling kann zum Tafelwein werden oder zu einem Dessertwein. Meine Empfehlungen sind lauter Tafelweine. Aber Sie sollten unbedingt auch die eine oder andere Beerenauslese zum Dessert probieren.

DEUTSCHLAND

Für die Deutschen ist der Riesling der Größte. Sein Ausdruck variiert von Region zu Region, aber im Allgemeinen hat er einen leichten Körper und einen relativ niedrigen Alkoholgehalt. Manche Tafelweine enthalten eine Spur Restzucker, um die starke Säure abzufedern. Aber wer einen trockenen Riesling bevorzugt, kann auch große Weine finden. Ich mag besonders die von der Mosel, aus dem Rheingau, Rheinhessen, der Nahe und der Pfalz.

✗

LIEBLINGSWEINGÜTER : Dr. Loosen, Dönnhoff, Joh. Jos. Prüm, Weingut Klaus Keller, Künstler, Weingut Selbach Oster, Weingut Emrich-Schönleber, Weingut Schäfer-Fröhlich, Weingut Gunderloch

ELSASS

Sie haben mehr Körper als die deutschen Rieslinge und einen höheren Alkoholgehalt. Je nach dem Geschmack des Winzers können die Tafelweine trocken oder leicht süß sein.

✗

LIEBLINGSWEINGÜTER : Domaine Albert Mann, Domaine Barmès-Buecher, Josmeyer, Domaine Weinbach, Domaine Ostertag, Domaine Marcel Deiss, Domaine Zind-Humbrecht

ÖSTERREICH

Weder leicht noch kräftig, fast immer trocken und jung oft streng. Obwohl er nicht die Königstraube der Region ist, begeistern seine Größe und Eleganz. Besonders beeindruckend sind die Rieslinge aus dem Kamptal, dem Kremstal und der Wachau.

✗

LIEBLINGSWEINGÜTER : Weingut Bernhard Ott, Weingut Alzinger Jun., FX Pichler, Weingut Hirsch, Weingut Geyerhof, Weingut Loimer, Weingut Pichler-Krutzler

AUSTRALIEN

Die Regionen Clare Valley und Eden Valley sind Synonyme für trockene, nicht allzu körperreiche Rieslinge. Die saftigen Geschmacksnoten von Steinobst und rosa Grapefruit machen sie leicht zugänglich. Manche Rieslinge aber, wie die von Grosset, brauchen ein paar Jahre im Keller, bevor sie sich öffnen.

✗

LIEBLINGSWEINGÜTER : Pewsey Vale, Grosset Wines

Mit Monique Giroux, der Königin der Musik

ZUM ESSEN: MUSIK

*Kim, meine Freundin … aber warum sage ich »meine«,
wenn es eigentlich »unsere« heißen müsste?*

Kim, meine Freundin, mit dir könnte ich stundenlang reden, auf Reisen gehen, ein Bankett für hundert Gäste kochen, bei dem ich dein unbeholfener Küchenjunge wäre. Ich könnte eine zehnteilige Serie über dein Leben und Werk schreiben. Deine Bücher lesen und wiederlesen und dabei deine Stimme hören. Deinen Geschichten lauschen, im Radio oder hinter den Kulissen, im Foyer von Radio-Canada oder in deinem Wagen, spannenden Berichten aus deinem spannenden Leben. Weil du eben auch dem Leben eine besondere Würze verleihst.

Die Tränen in deinen Augen sind nie weit vom Lachen in deiner Kehle entfernt. Papillenreiniger. Weil du lebst, wie du atmest, ist dir alles möglich. Also hatte ich eine große Auswahl. Statt eines Geschenks habe ich ein paar Songs mitgebracht, um dir für alles zu danken. Deine Bücher, dieses hier und die anderen, dein Leben, dein Weg haben mich zu einer Liste mit den unterschiedlichsten Titeln inspiriert.

Diese Songs offenbaren ein wenig von dir. Hoffe ich. Glaube ich.

Für immer Deine Mo Giroux

C'EST BEAU LA VIE ✕ Catherine Deneuve und Benjamin Biolay

CE JOUR-LÀ SUR LE MÉKONG ✕ Gabriel Yared

CRÈME GLACÉE ✕ Tristan Malavoy

ÉCRIVAINE ✕ Dumas

GELATO AL LIMON ✕ Paolo Conte

HANOI CAFÉ ✕ Bleu Toucan

HANOI CAFÉ, VERSION INSTRUMENTALE ✕ Ron Korb

HANOI ✕ La grande Sophie

IL Y AVAIT UN JARDIN ✕ Georges Moustaki

LA JOIE DE VIVRE ✕ Monique Leyrac

LES COOKIES DE KIM ✕ Véronique Merveille

LE PETIT PAIN AU CHOCOLAT ✕ Joe Dassin

LES Z'HERBES ✕ Anne Sylvestre

MON PAYS ✕ Gilles Vigneault

NOS MOTS ✕ Luciole

OVER THE RAINBOW ✕ Israel Kamakawiwoʻole

TENIR DEBOUT ✕ David Portelance

TU ✕ Umberto Tozzi

UNE GLACE AU SOLEIL ✕ Gaby Laplante

VIENNE L'AMOUR ✕ Fred Pellerin

DANKSAGUNG

An diesem Buch waren viele beteiligt, und jeder spielt eine wichtige Rolle.

Ich erzähle Geschichten.

NATHALIE BÉLAND hat es geschafft, die Rezepte mit den richtigen Mengen- und sonstigen Angaben aufzuschreiben, trotz meiner ständigen Versuche, sie mit Fantasiezeiten zu verwirren: »Das dauert nur eine Minute, du wäschst dir die Hände, und es ist fertig«; »Du drittelst die Zwiebel ...«; »Du nimmst es vom Herd, wenn es gelb ist wie der trockene Sand der Îles de la Madeleine«. Ihre Geduld – zumindest mit mir – ist endlos. Vor allem ist sie unglaublich effizient und hat damit diese mönchische Tätigkeit in eine ebenso drollige wie lehrreiche kulinarische Reise verwandelt.

ÉRIC RÉGIMBALD ist der Mann, der mithilfe einer Chirurgenpinzette jeden Schweinefleischwürfel einzeln karamellisiert hat. Ich darf es nicht zu laut sagen, aber sein karamellisiertes Schweinefleisch ist fast besser als das meiner Mutter.

SARAH SCOTT hockte auf Zehenspitzen am Rand meines Schreibtischs, um Koriander- oder Basilikumstängel zu fotografieren. Ich wiederum konnte nicht aufhören, Fotos von der fotografierenden Sarah zu machen. Sie ist aus allen Blickwinkeln schön. Sie kann eine gegrillte Aubergine auf tausenderlei Arten lebendig und ein Stück Tofu verführerisch aussehen lassen. Vollkommen verfallen bin ich ihrem zärtlichen Blick auf meine Vietnamesinnen: meine Mutter und meine Tanten.

Außer Sarah gab es noch drei weitere Fotografen: GILLES DUFOUR betrachtete Vietnam mit den Augen eines Verliebten. Mit derselben Liebe und demselben Staunen wie ich hat er es in seinen Bildern verewigt. TRI wurde mein kleiner Bruder, als ich als Erwachsene nach Hanoi kam und allein und verwirrt vor einem unbekannten Land stand. Seine Fotos verfolgten mich und tun das noch heute. QUÔC hat die Schönheit meiner Großmutter eingefangen, ihrer Urgroßmutter, kurz vor deren letztem Atemzug. Sie hat für Quôc, für ihr Studienprojekt posiert, im verschworenen Schweigen zweier Menschen, die einander bedingungslos lieben.

Zwischen MARIKE PARADIS und mir schlug die Liebe ein wie der Blitz, als wir uns zum ersten Mal trafen, um das Cover für mein erstes Buch zu besprechen. Meine Zuneigung und Bewunderung wurden von Jahr zu Jahr, von Projekt zu Projekt bekräftigt. Ohne Marike hätte ich weder den Mut noch das nötige Talent gehabt, dieses Kochbuch zu machen. Marike sieht, was ich nicht mit Worten ausdrücken kann, sie hört den Atem hinter meinen Überlegungen, sie liest aus meinen Fingern, selbst wenn sie sich nicht bewegen. Sie findet immer die Farbe, den Ton, den Rhythmus, die das ungreifbare Universum, das ich mit Ihnen teilen will, offenbaren. Marike ist eine Fee, die meine Träume erfüllt, bevor ich sie selbst begreife. Ein Dutzend Jahre – und zwölf Zoll – trennen mich von Marike. Trotzdem habe ich das Gefühl, dass wir Zwillinge sind, wenn wir in einer ruhigen Ecke eines Buchladens gemeinsam in Büchern blättern ... Aus unserer Lust und unserem Einverständnis entstand dieses Werk, das einmal mehr Marikes behutsame Hand und große Begabung bezeugt.

6. April 1923 — 1. Januar 2016

GROSSMUTTER MÜTTERLICHERSEITS — *LÊ KIÊM GƯƠNG*

Sie hatte acht Kinder, zwei Jungen und sechs Mädchen. In dem Monat vor ihrem Tod wechselten sich vier Generationen an ihrem Krankenbett ab.

Bis zur letzten Sekunde wusste sie noch jeden einzelnen Namen, dazu die Städte, in denen wir wohnten, kannte unsere Berufe, unsere Erfolge, auch die kleinsten ... Besonders sorgte sie sich um unser Liebesleben! Sie sah die Traurigkeit hinter unserem Lächeln. Sie hörte unsere Ängste und Verwirrungen. Sie war unsere Königin – eine Königin, die all ihre Abkömmlinge bewunderte. Nach jeder bestandenen Prüfung bedauerte sie ihren verstorbenen Mann dafür, dass er nicht mehr dabei sein konnte: »Der Arme, so ein Pech, dass er nicht lange genug auf der Welt war, um dieses Glück noch zu erleben!«

Ich behaupte kühn, dass ich unter ihren siebzehn Enkeln, zwei Urenkeln und einer Ur-ur-ur-Enkelin ihr Liebling war. Sie sagte oft zu mir, ich sei der Beweis dafür, dass das Innere auf das Äußere ausstrahle und wir uns physisch verschönern könnten, ohne uns unters Messer zu legen.

Meine Großmutter überschüttete uns scham- und rücksichtslos mit Komplimenten. Ihr größtes Talent war es, jeden von uns glauben zu lassen, dass er oder sie ihr Liebling war. Sie liebte uns alle schlicht und bedingungslos, ungeachtet unserer Fehler und Schwächen. Dafür liebten und lieben wir sie blind. Denn zwischen ihr und uns war das Leben. Heute bleibt die Liebe.

REZEPTVERZEICHNIS

A

Auberginen auf
    vietnamesische Art, gegrillte ✕ 86

Auberginen mit Schweinefleisch
    und Garnelen ✕ 89

B

Bananen, gebratene ✕ 153

Bì ✕ 132

C

Chà Bông ✕ 138

E

Eisbananen ✕ 148

F

Fisch aus dem Ofen ✕ 118

Fische mit Zitronengras, gebratene ✕ 107

Fisch-Tomaten-Suppe ✕ 56

Fischsaucen-Vinaigrette ✕ 31

Fischsauce, verdünnte ✕ 31

Frühlingszwiebelsauce ✕ 32

G

Gemüse, vietnamesisch eingelegtes ✕ 39

Graviola-Smoothie ✕ 159

H

Hackbraten, vietnamesischer ✕ 130

Hoisin-Sauce, aromatisierte ✕ 33

Hühnerflügel, frittierte ✕ 106

J

Jasminreis ✕ 37

K

Karamellpudding ✕ 155

Kohlsalat mit Hühnchen ✕ 92

Krabbe in Tamarindensauce ✕ 80

L

Lachssteak mit zwei Beilagen ✕ 109

Leichte Suppe oder Papillenreiniger ✕ 46

Lotusstängelsalat ✕ 98

M

Mango-Ingwer-Garnitur ✕ 111

Matchatee-Kekse ✕ 165

Mungbohnensprossensalat ✕ 93

N

Nudelschalen, garnierte ✕ 64

Nudelteller mit Gemüse und Kräutern ✕ 40

R

Reiscremesuppe ✕ 139

Reismehl, geröstetes ✕ 35

Rinderhackbraten mit Zwiebeln ✕ 127

Rinderragout mit Zitronengras ✕ 126

Rindfleisch La Lot ✕ 114

Rindfleisch mit Knoblauch ✕ 65

Rindfleisch, wokgebratenes ✕ 73

Rindssuppe, schnelle ✕ 57

S

Salat mit Gemüse, Schweinefleisch und Garnelen ✕ 94

Schalotten in Reisessig ✕ 39

Schweine- und Rindfleischspießchen ✕ 116

Schweinebrust mit Bambussprossen, marinierte ✕ 72

Schweinefleisch, karamellisiertes ✕ 75

Schweinefleisch mit Chayote und Garnelen ✕ 70

Schweinefleisch mit Zitronengras ✕ 66

Schweinehackbällchen auf vietnamesische Art ✕ 117

Schweineragout, karamellisiertes ✕ 134

Suppe mit Bambussprossen und Schweinefleisch ✕ 47

Suppe mit Fleisch-Garnelen-Bällchen und Chrysanthemenblättern ✕ 51

Suppe mit Garnelen und Yamswurzel (Yam Pi) ✕ 53

Suppe mit gefülltem Kürbis ✕ 49

Suppe mit Tofu und Schnittknoblauch ✕ 50

Süßsaure Suppe ✕ 55

T

Tapiokacreme mit Bananen auf vietnamesische Art ✕ 160

Tintenfisch mit Gurke und Ananas ✕ 78

Tofuwürfel mit Zitronengras ✕ 68

Tomatengarnitur ✕ 110

W

Wasserspinat mit Knoblauch, pfannengerührter ✕ 90

Wasserspinat-Salat mit Rindfleisch, lauwarmer ✕ 99

KIM THÚY

Kim Thúy wurde in Saigon geboren und floh als Zehnjährige zusammen mit ihrer Familie in den Westen. Sie arbeitete als Übersetzerin und Rechtsanwältin und war Gastronomin, Kritikerin und Moderatorin für Radio und Fernsehen. Kim Thúy lebt mit ihrem Mann und zwei Kindern in Montreal.

Im Verlag Antje Kunstmann sind von Kim Thúy erschienen:

DIE VIELEN NAMEN DER LIEBE

Acht Jahre ist Vi, als sie mit der Mutter und den drei großen Brüdern aus Vietnam nach Kanada flieht. Als erwachsene Frau kehrt sie eine Weile nach Vietnam zurück, in ein Land, das ihr nach so vielen Jahren fremd geworden ist.

DER GESCHMACK DER SEHNSUCHT

Auswanderin Mãn besinnt sich im kanadischen Exil auf das Vermächtnis der Mutter: die Kunst des Kochens. In diesem Exilroman verbindet sich der Duft der Gewürze mit der Sehnsucht nach einem Leben, das die Möglichkeit der Liebe einschließt.

DER KLANG DER FREMDE

Nach einer abenteuerlichen Odyssee übers Meer und durch Flüchtlingslager gelangen Kim und ihre Familie ins ferne Kanada und finden eine neue Heimat. In Klängen, Farben und Gerüchen entfalten sich die Erinnerungen, an denen Kim Thuy dreißig Jahre später der Spur ihres Lebens nachgeht.

Der Verlag dankt dem Canada Council for the Arts und dem
Canadian Department of Foreign Affairs and International Trade
für die Förderung der Übersetzung.

© der deutschen Ausgabe: Verlag Antje Kunstmann GmbH, München 2019
© der Originalausgabe: Les Éditions du Trécarré, Montréal (Québec) 2017
Titel der Originalausgabe: Le secret des Vietnamiennes
Redaktion: Johanne Guay
Grafik und Covergestaltung: Marike Paradis
Rezeptfotos und Fotos von Kim Thúys Familie: Sarah Scott, www.sarahscottphoto.ca
Fotos Vietnam: Gilles Dufour
Fotos S. 158, 168, 176: Andy Long Hoang
Fotos S. 146, 174, 175: Trí Nguyen
Foto S. 184: Quôc Lý
Druck und Bindung: L.E.G.O., Vicenza
ISBN 978-3-95614-294-9

*Es gibt auch viele Männer in meinem Leben.
Eines Tages werde ich von ihnen erzählen, versprochen.*